Animali da Colorare
per Bambini

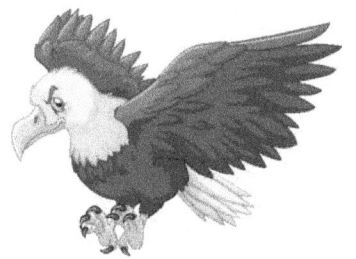

Copyright. All right reserved.
Nessuna parte di questo libro può essere riprodotta
senza l'autorizzazione dell'autore.

Animali da Colorare
per Bambini

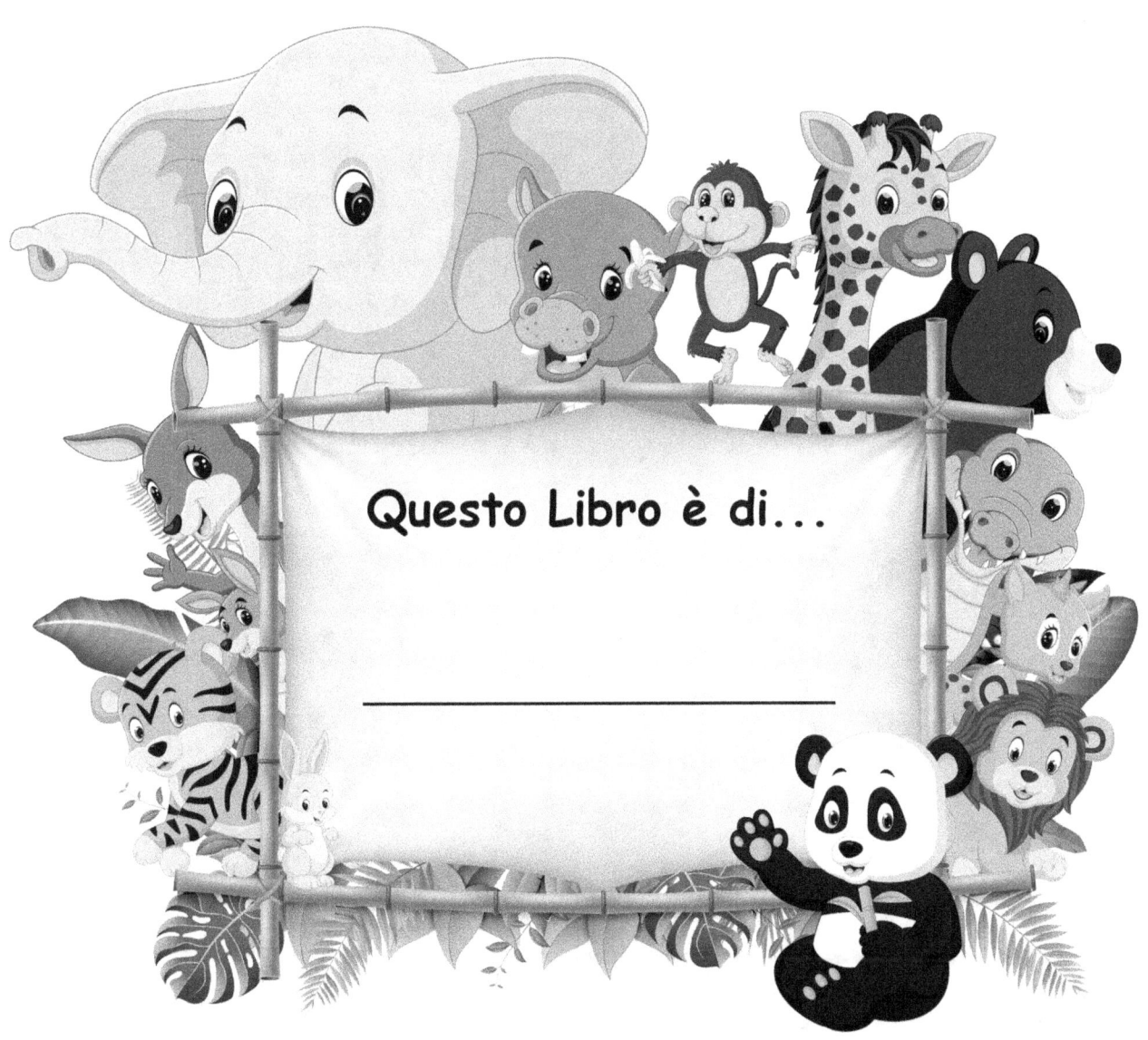

Questo Libro è di...

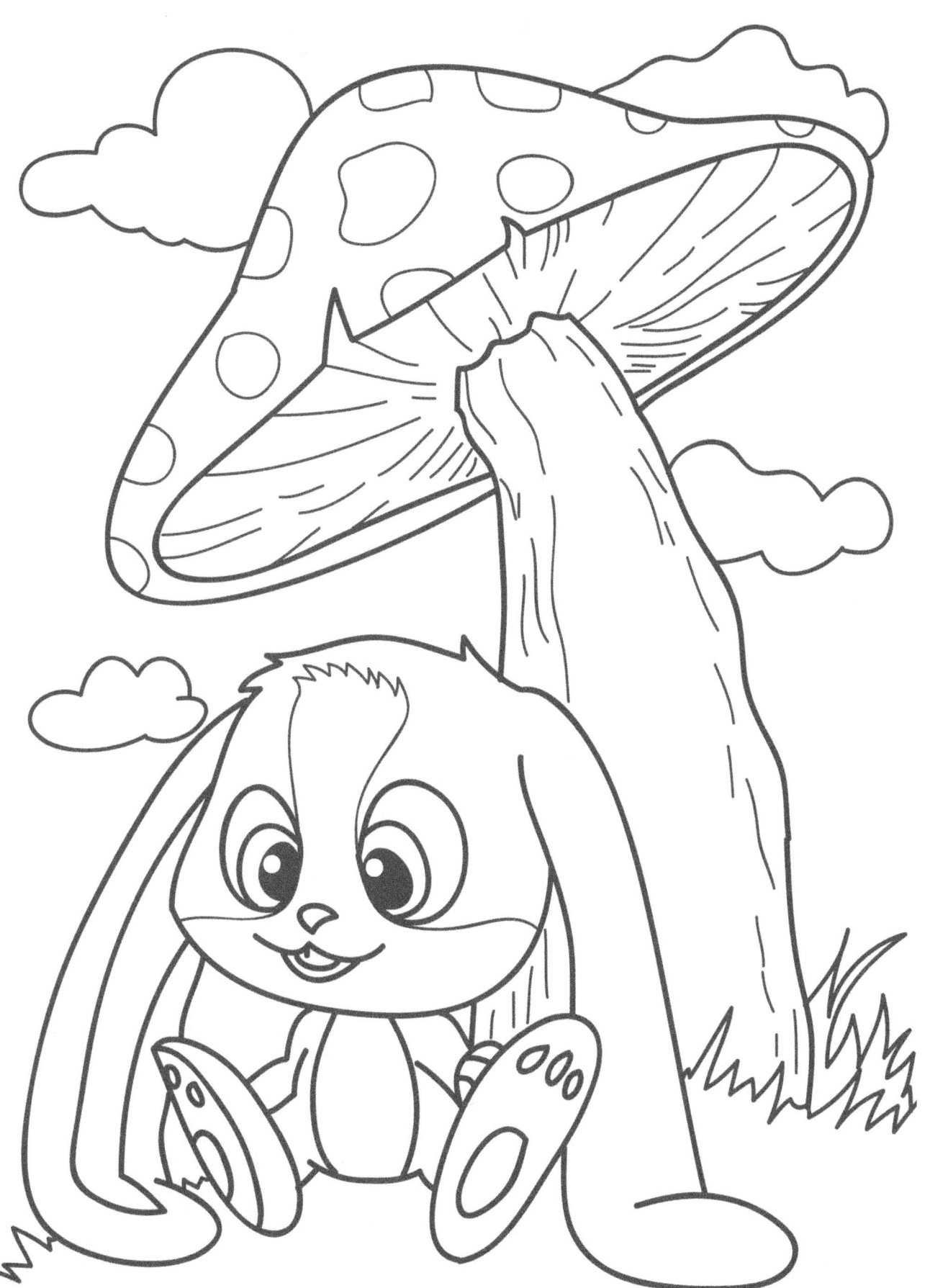

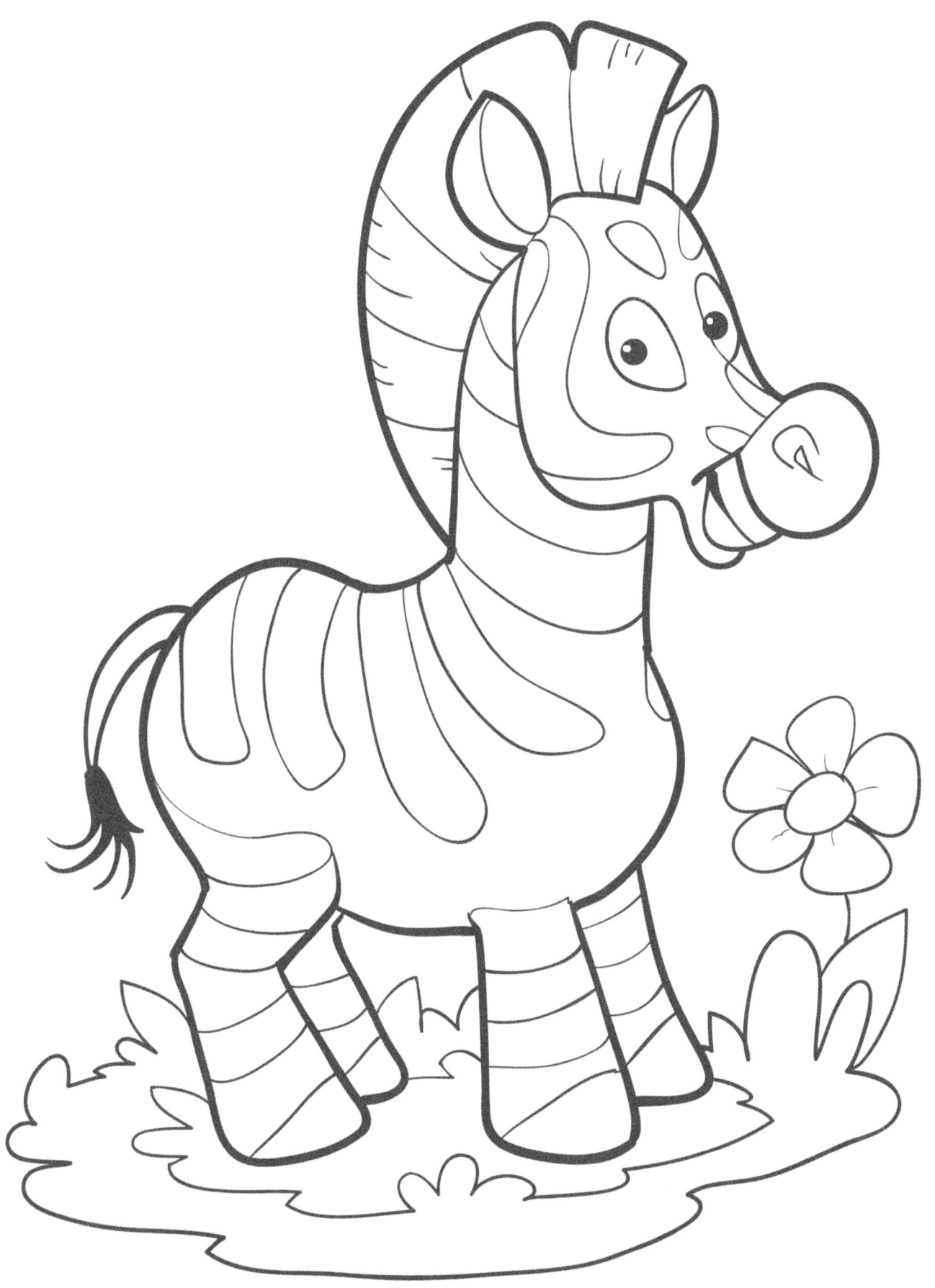

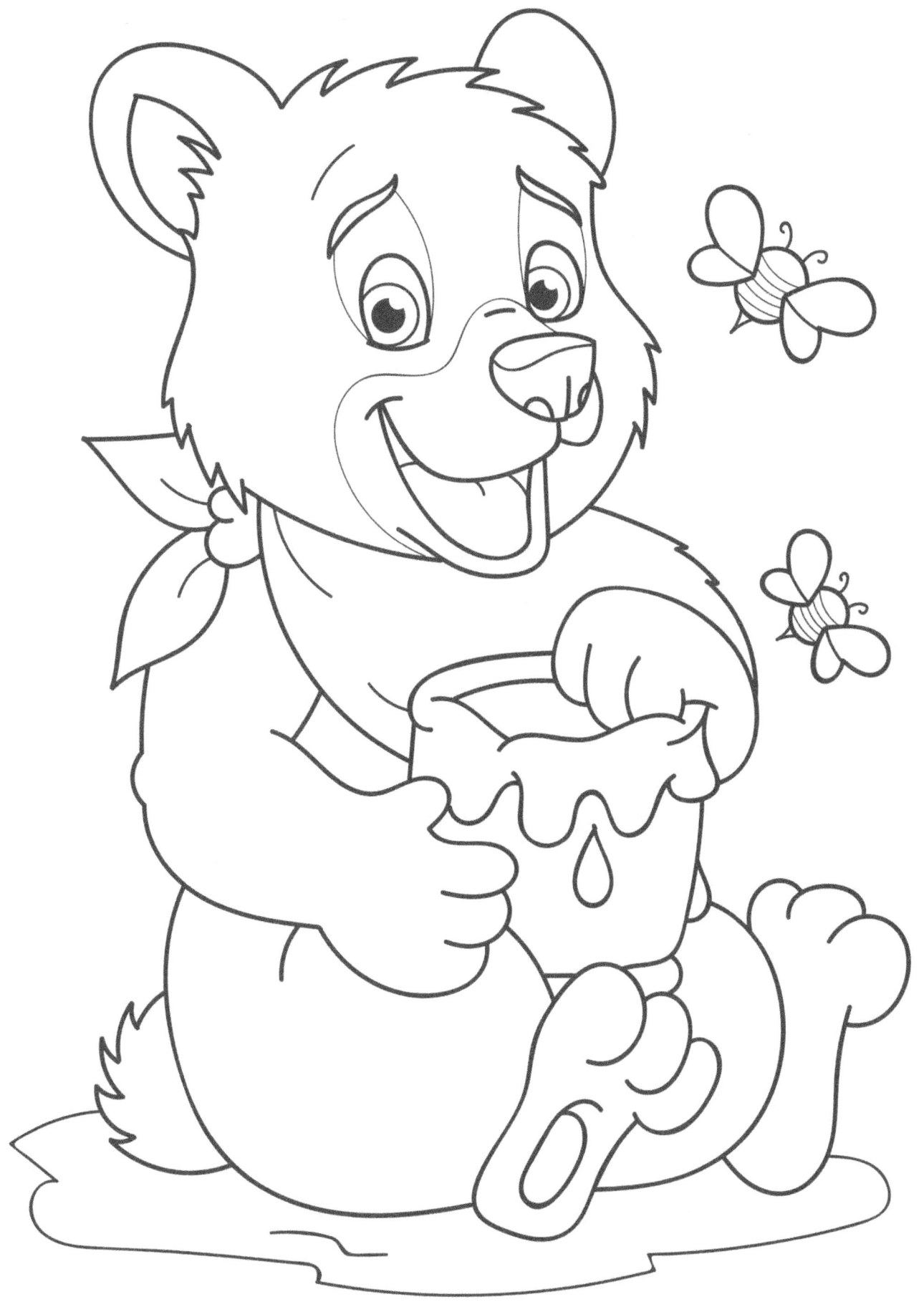

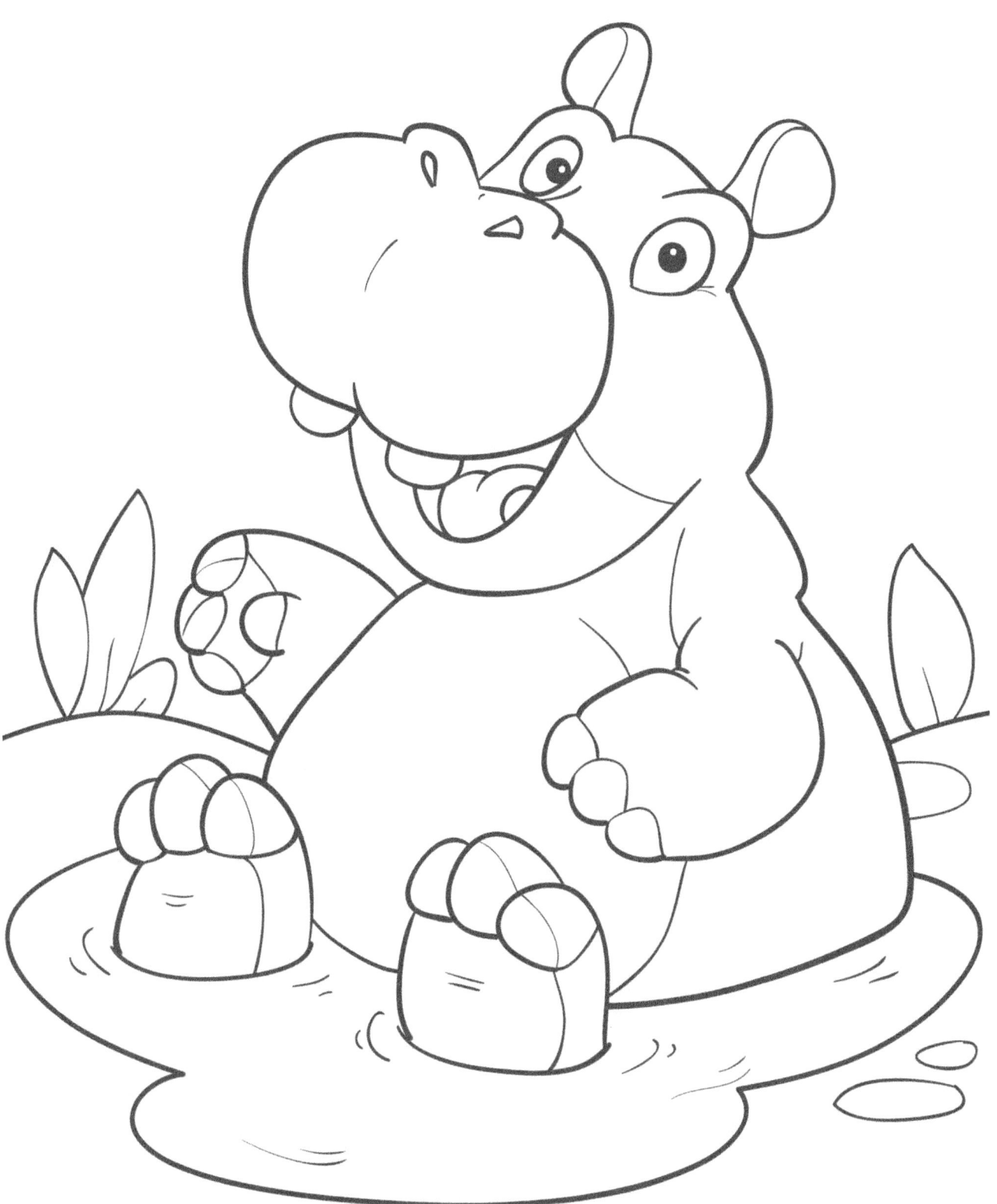

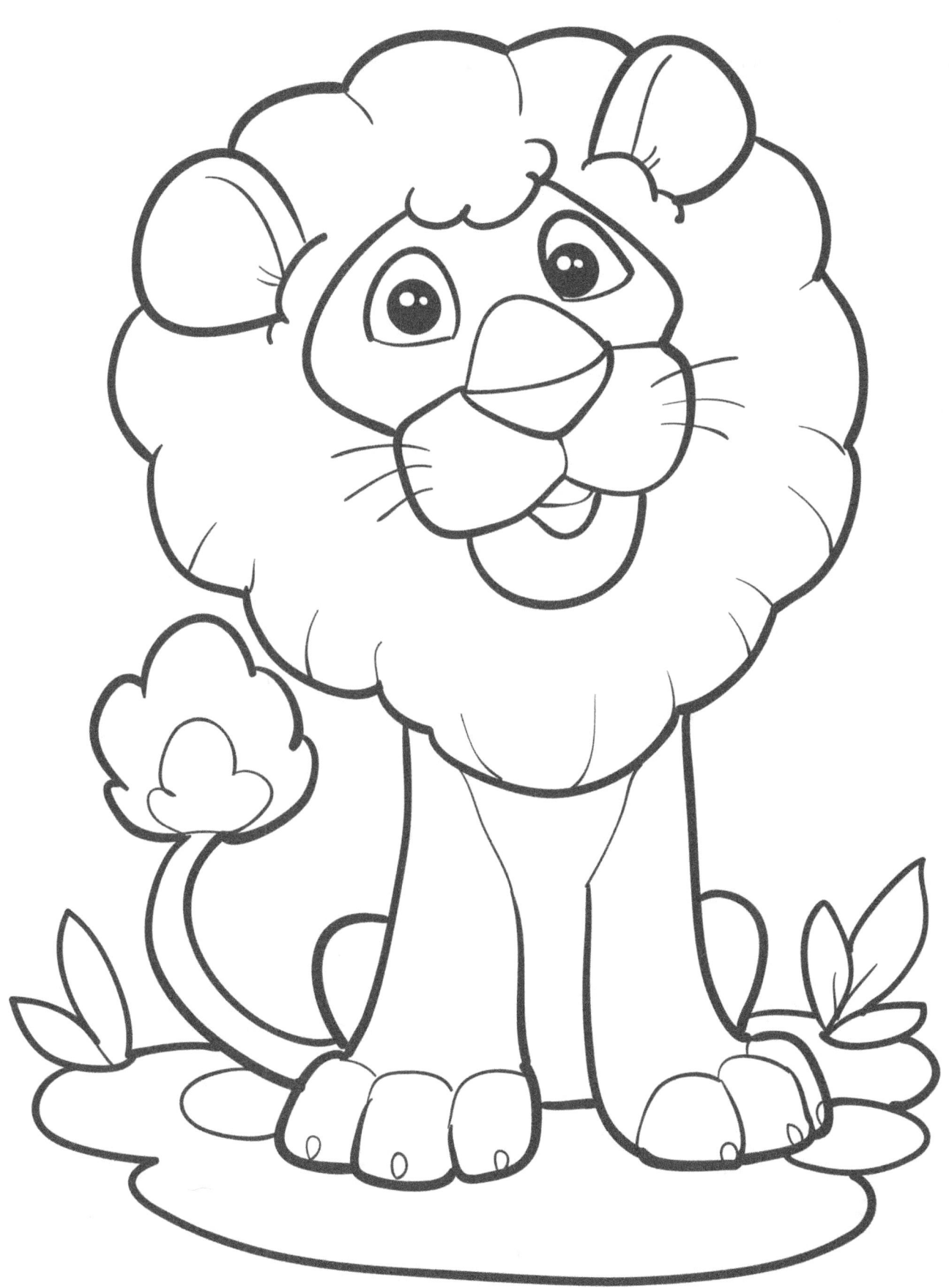

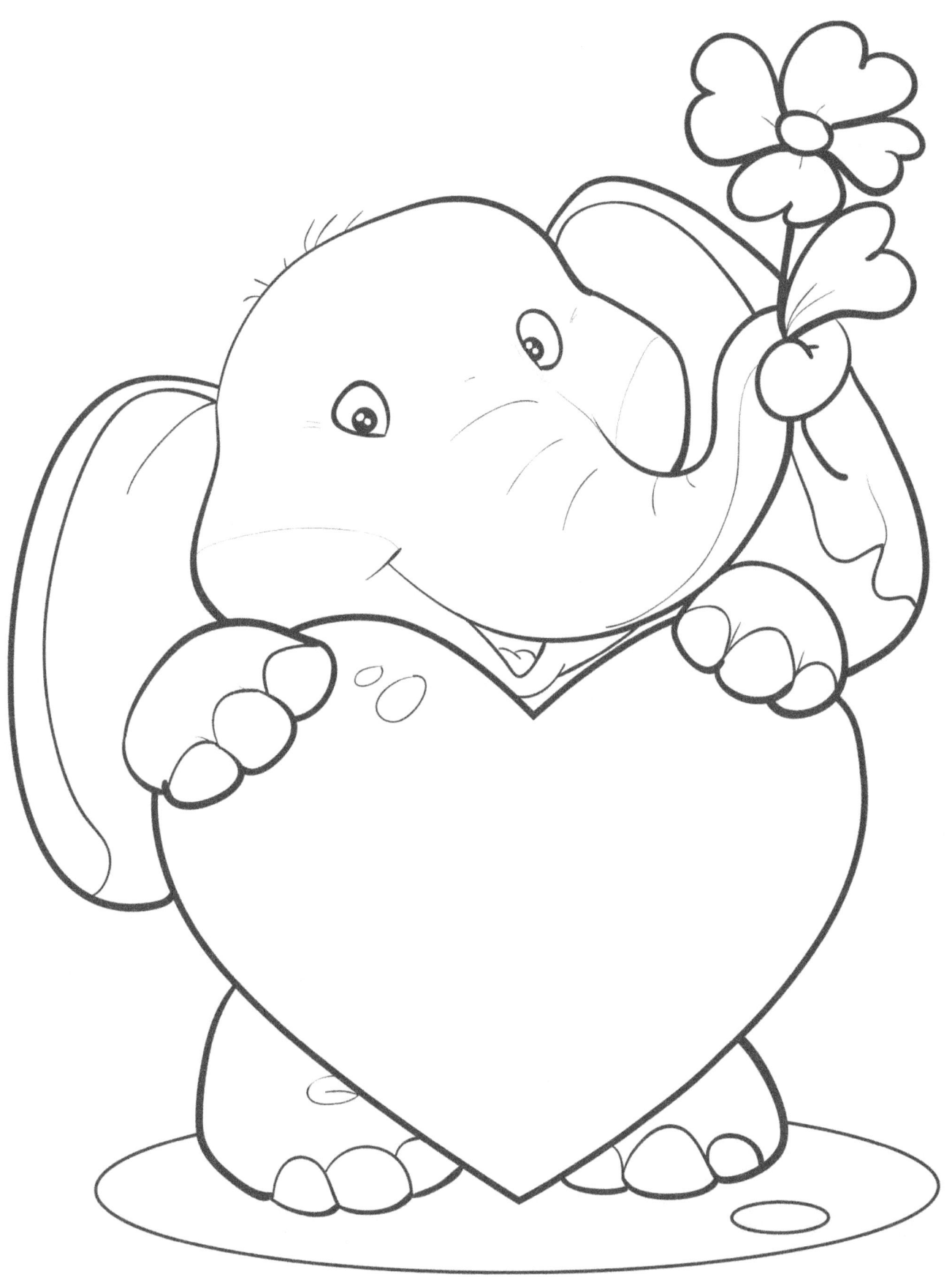

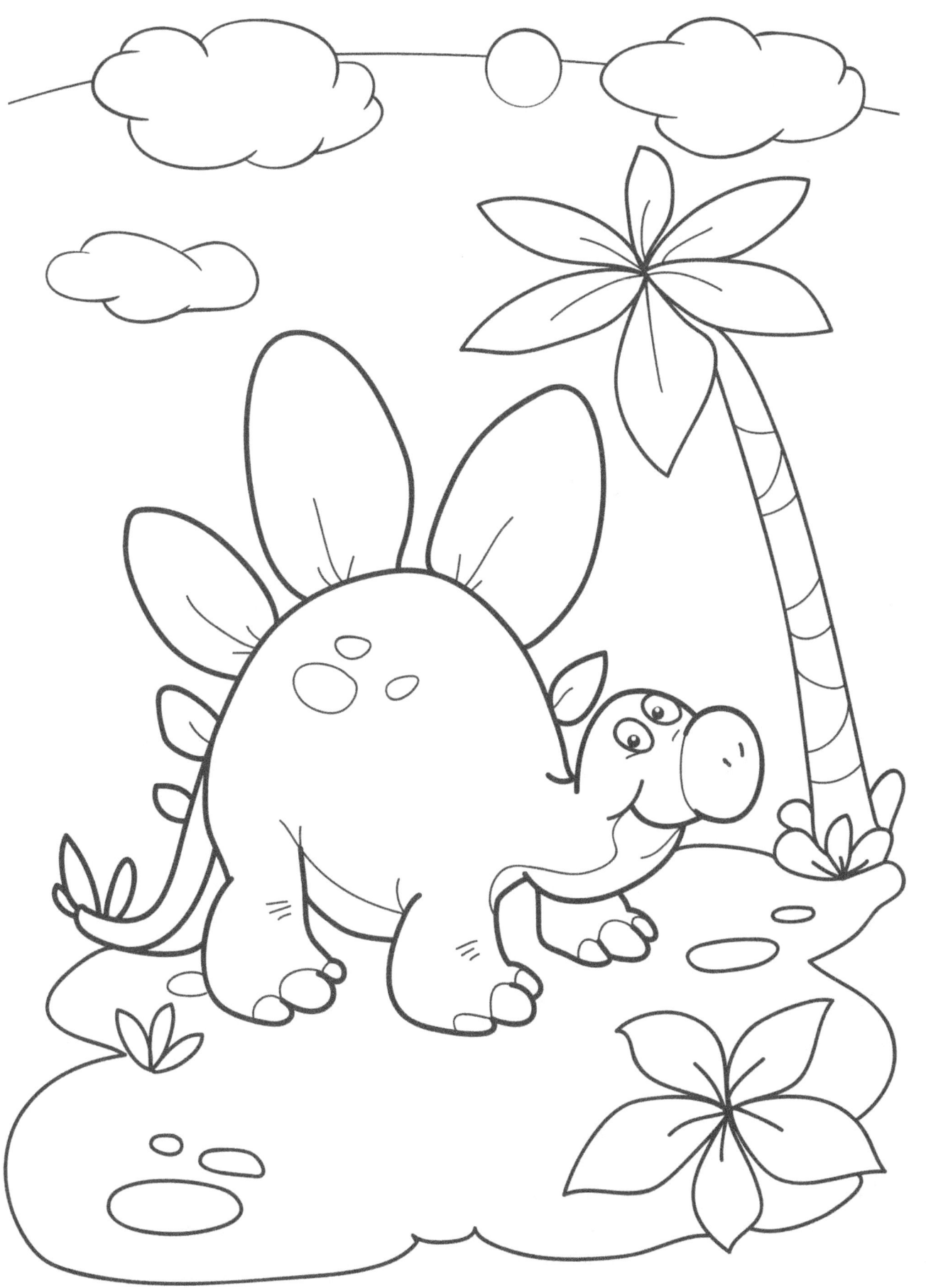

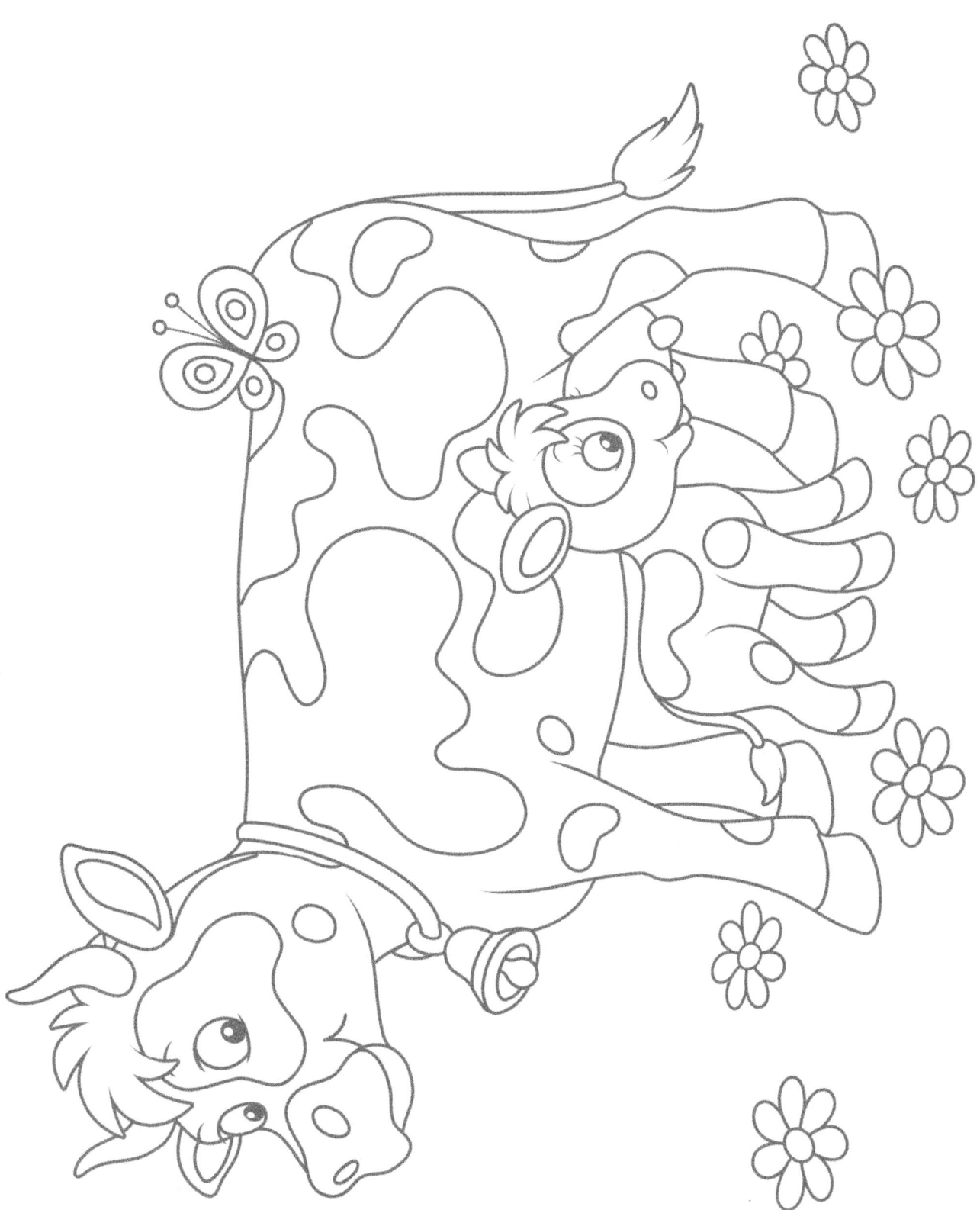

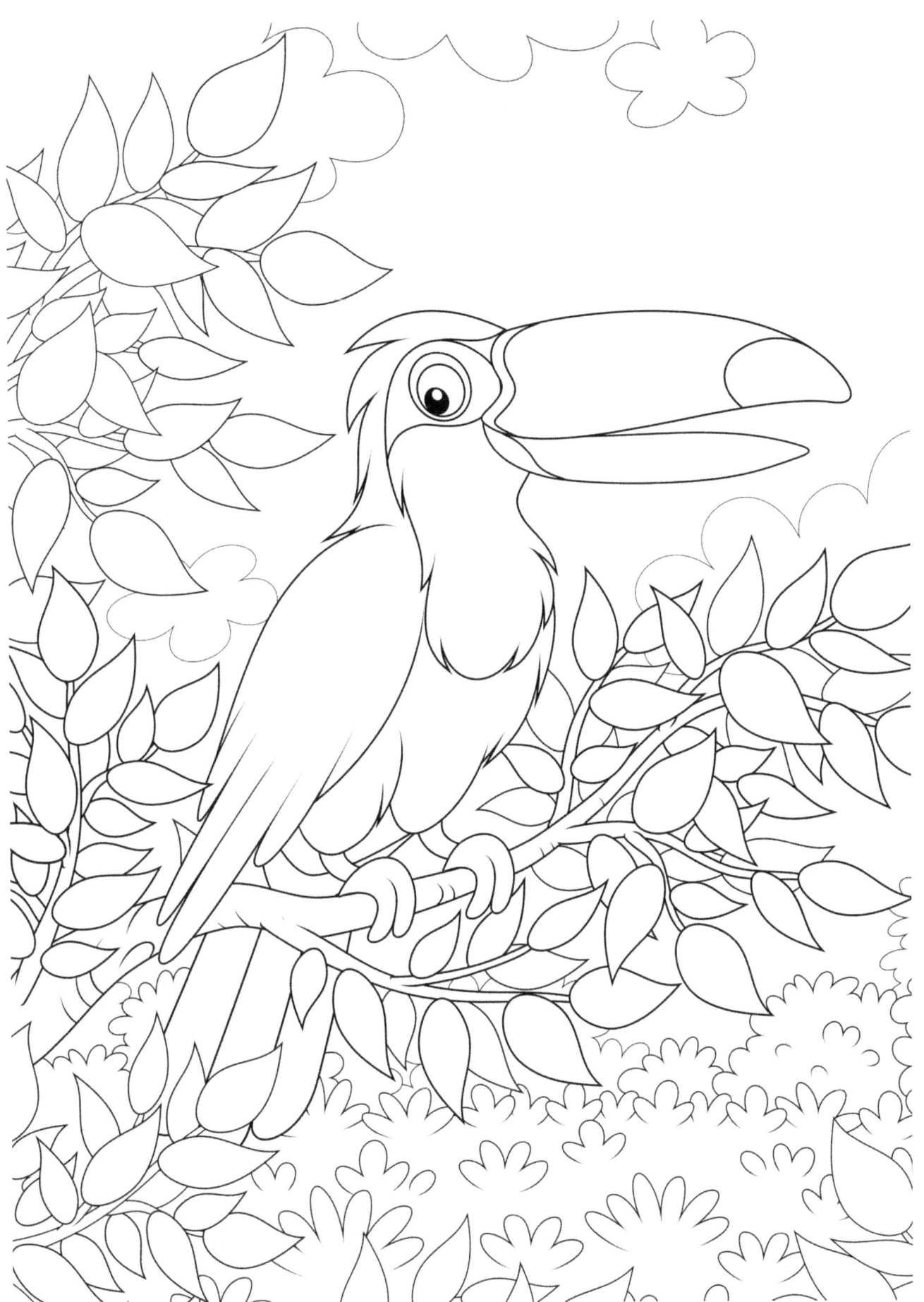

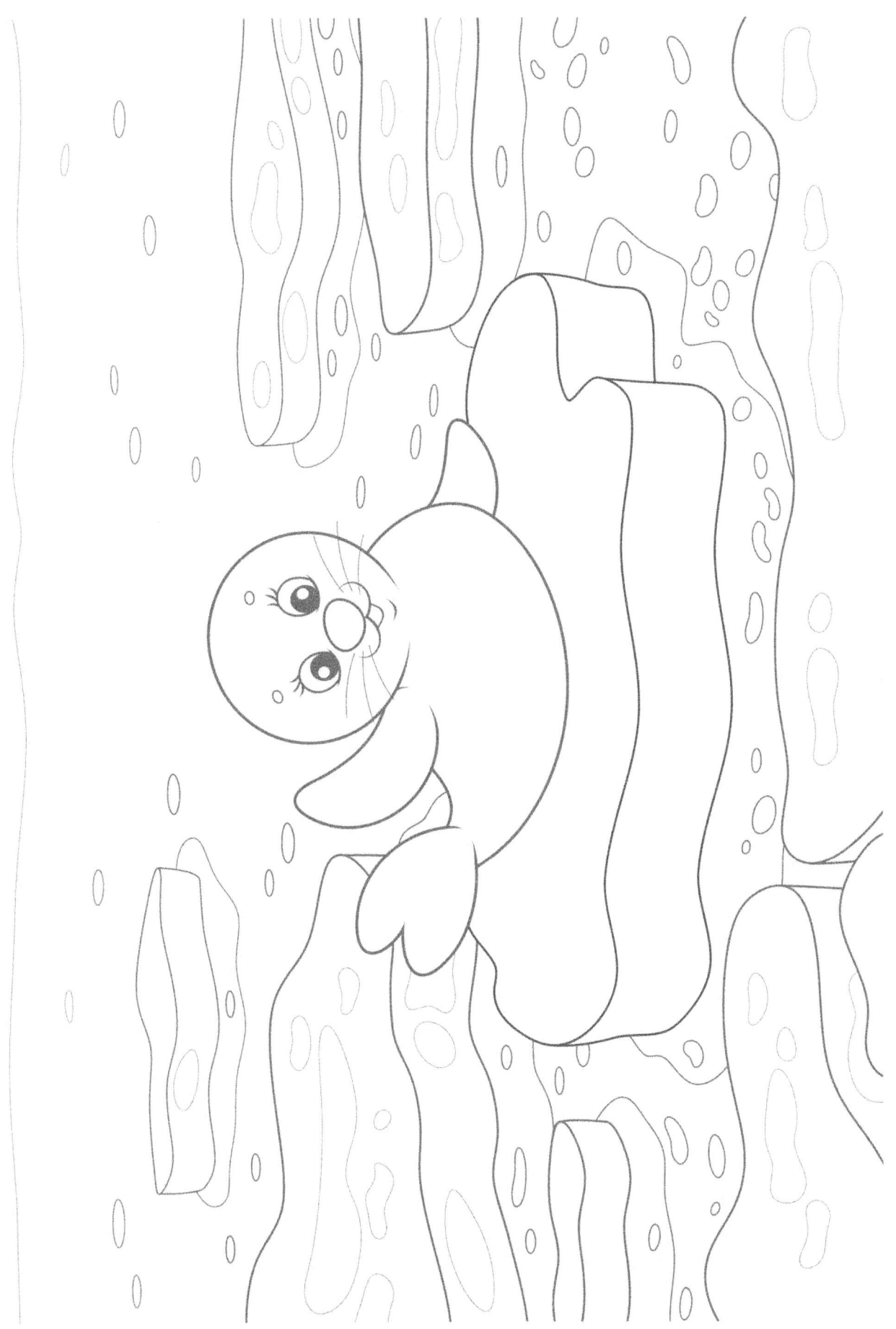

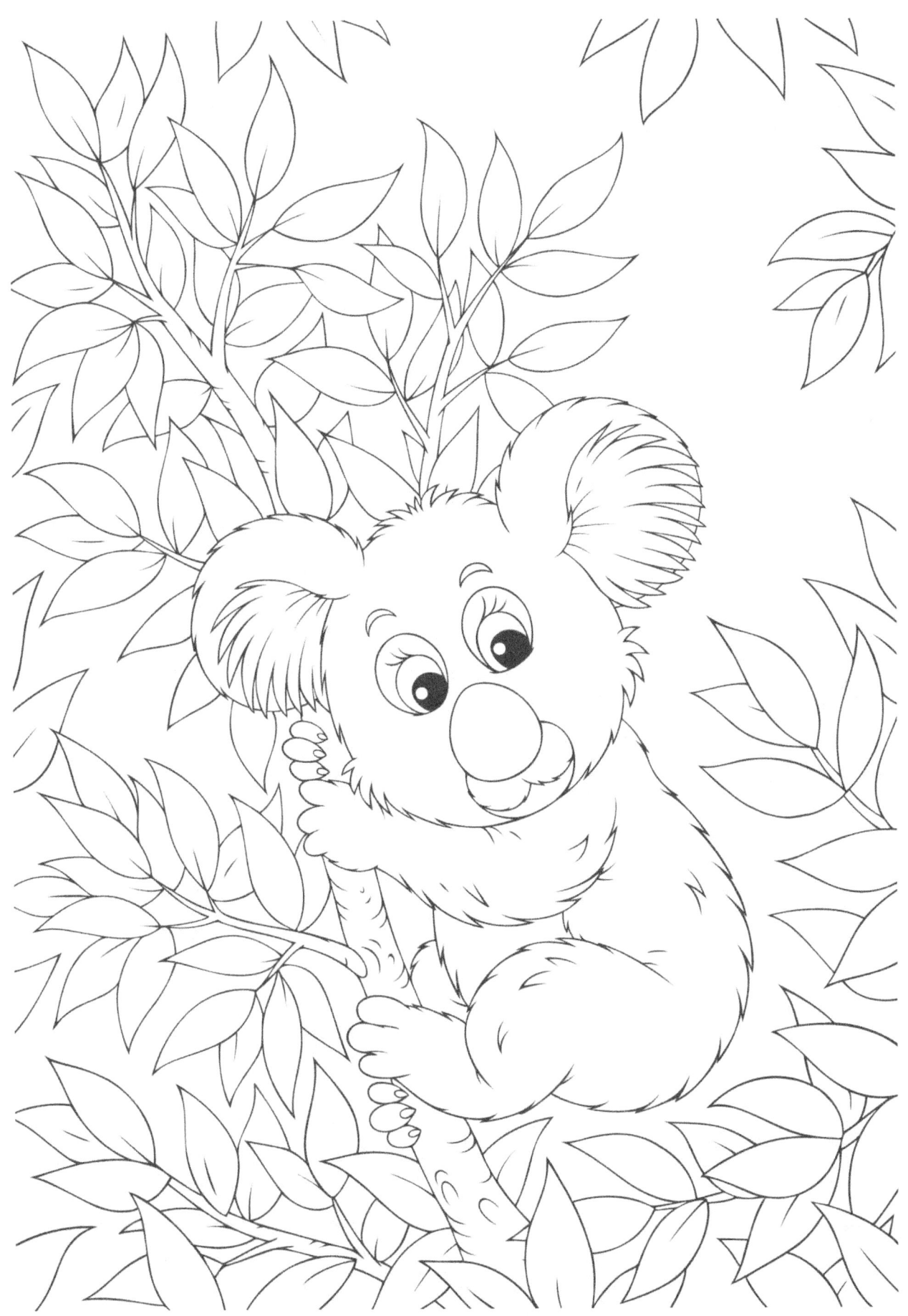

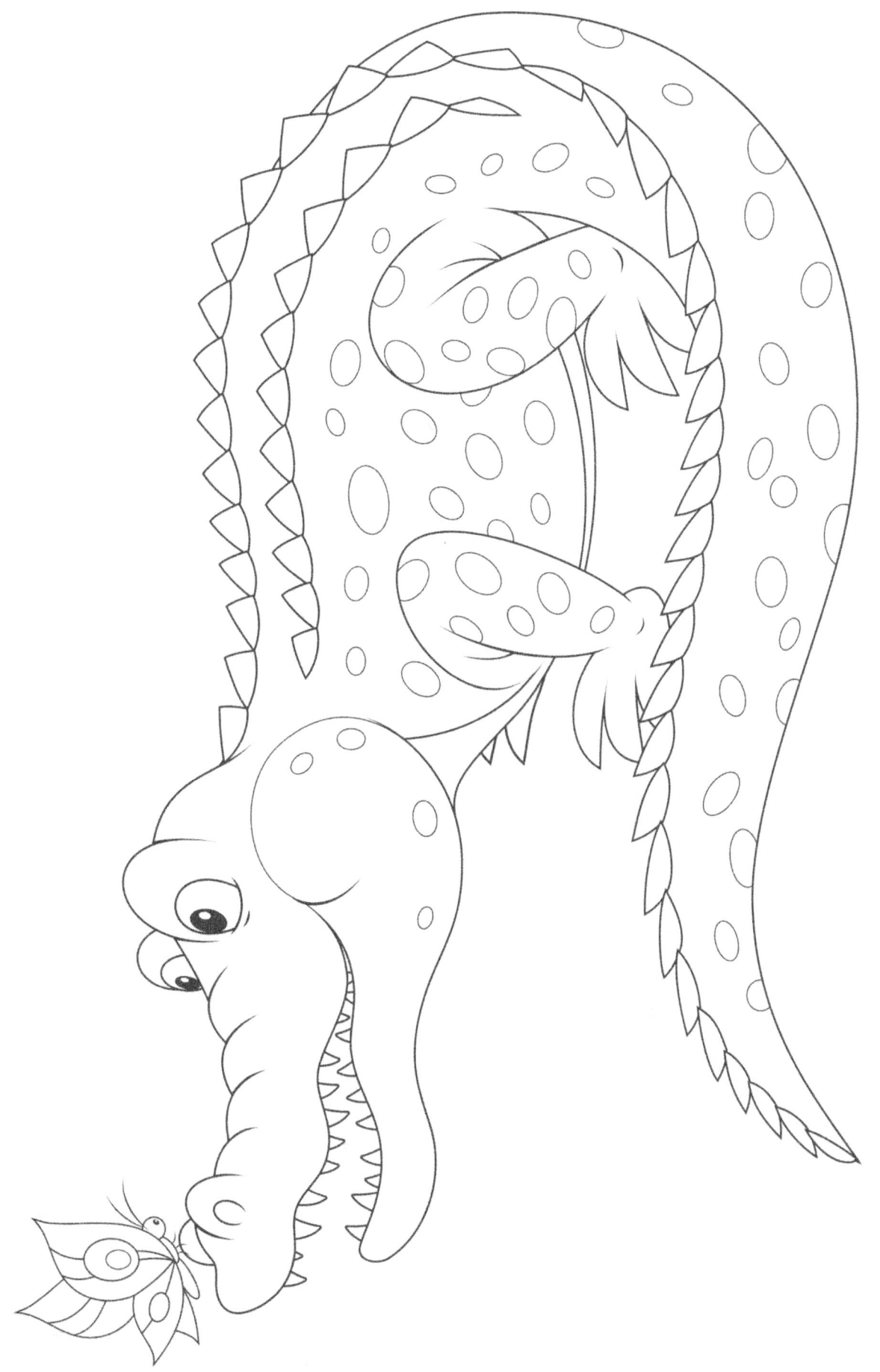

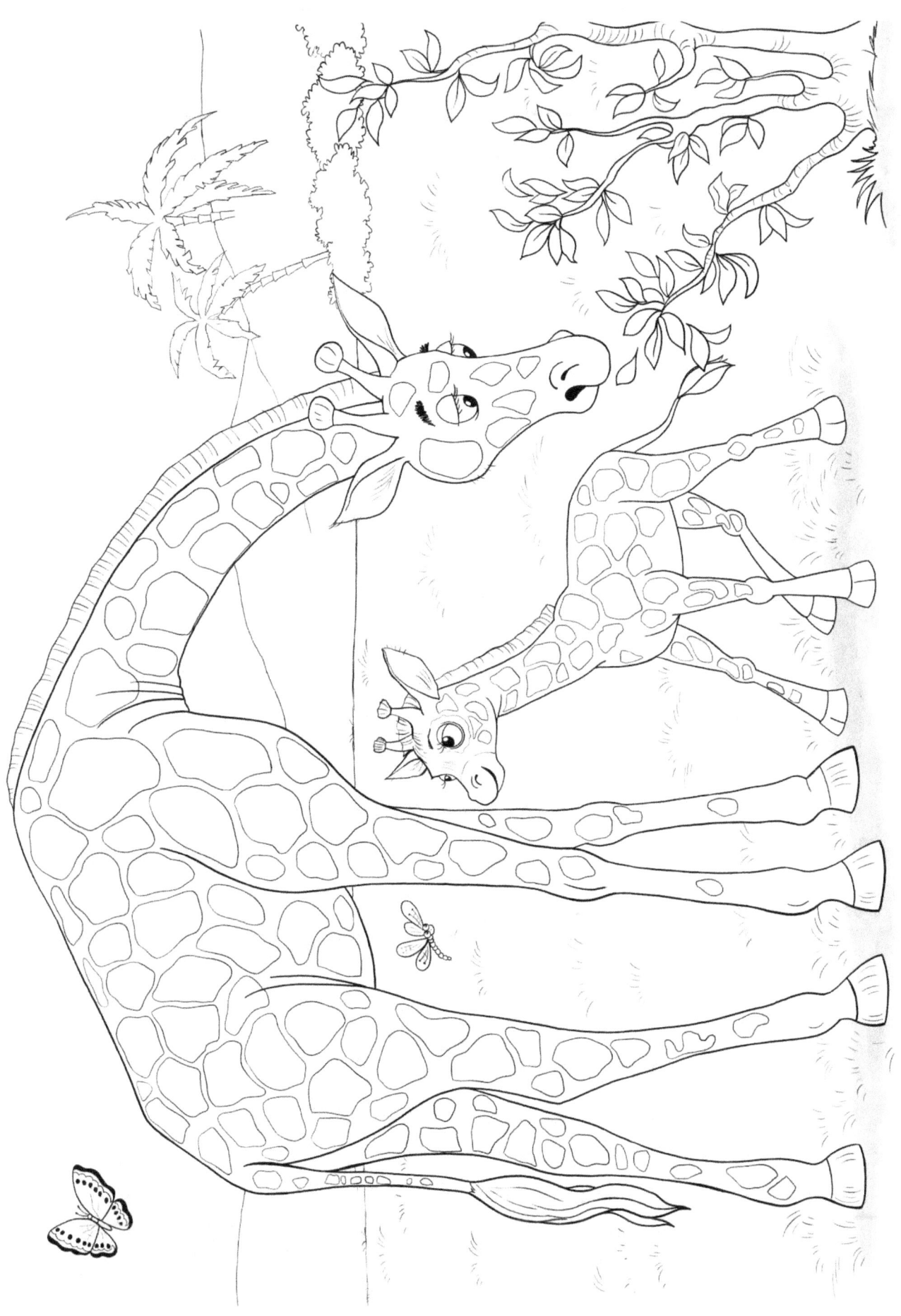

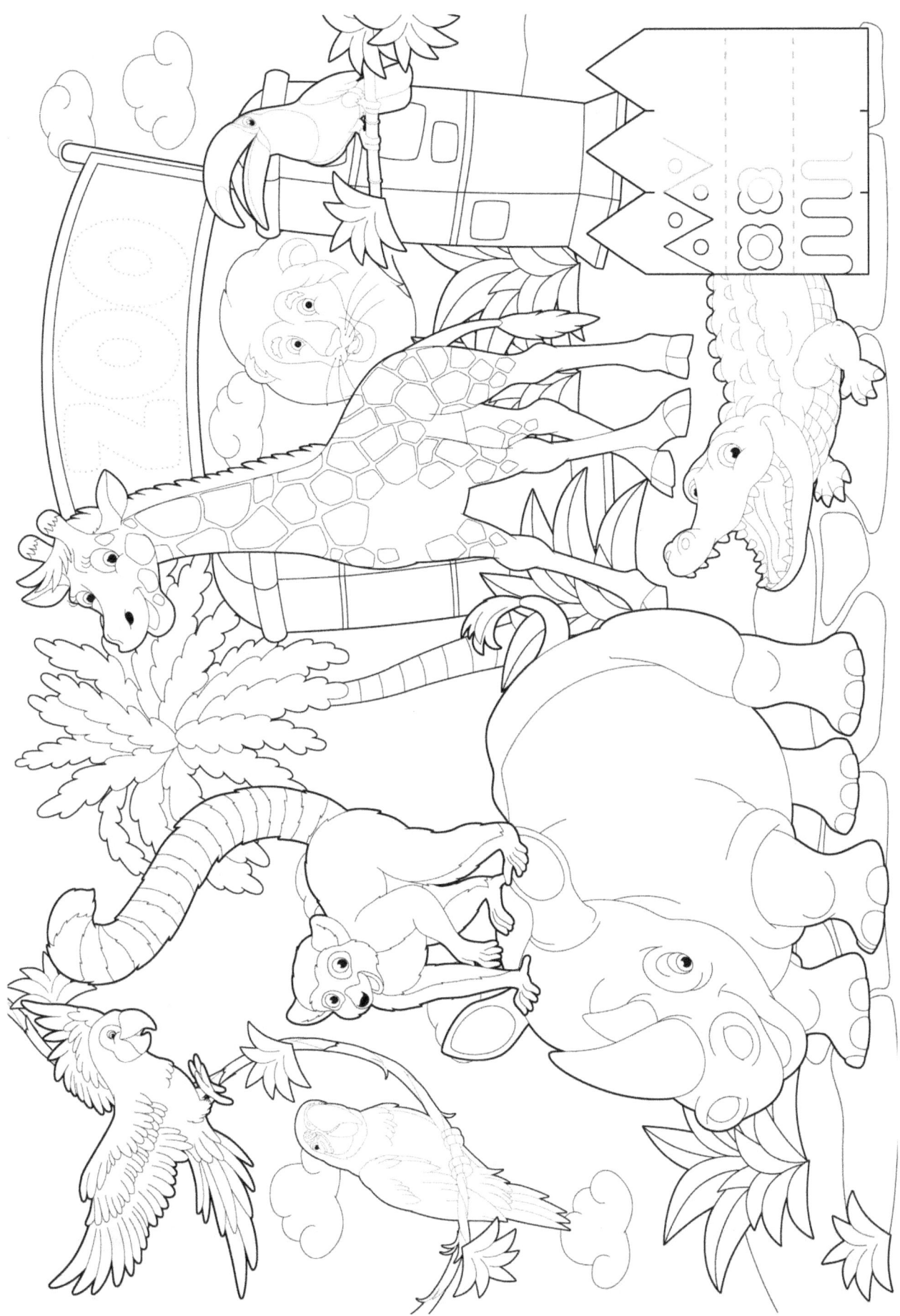

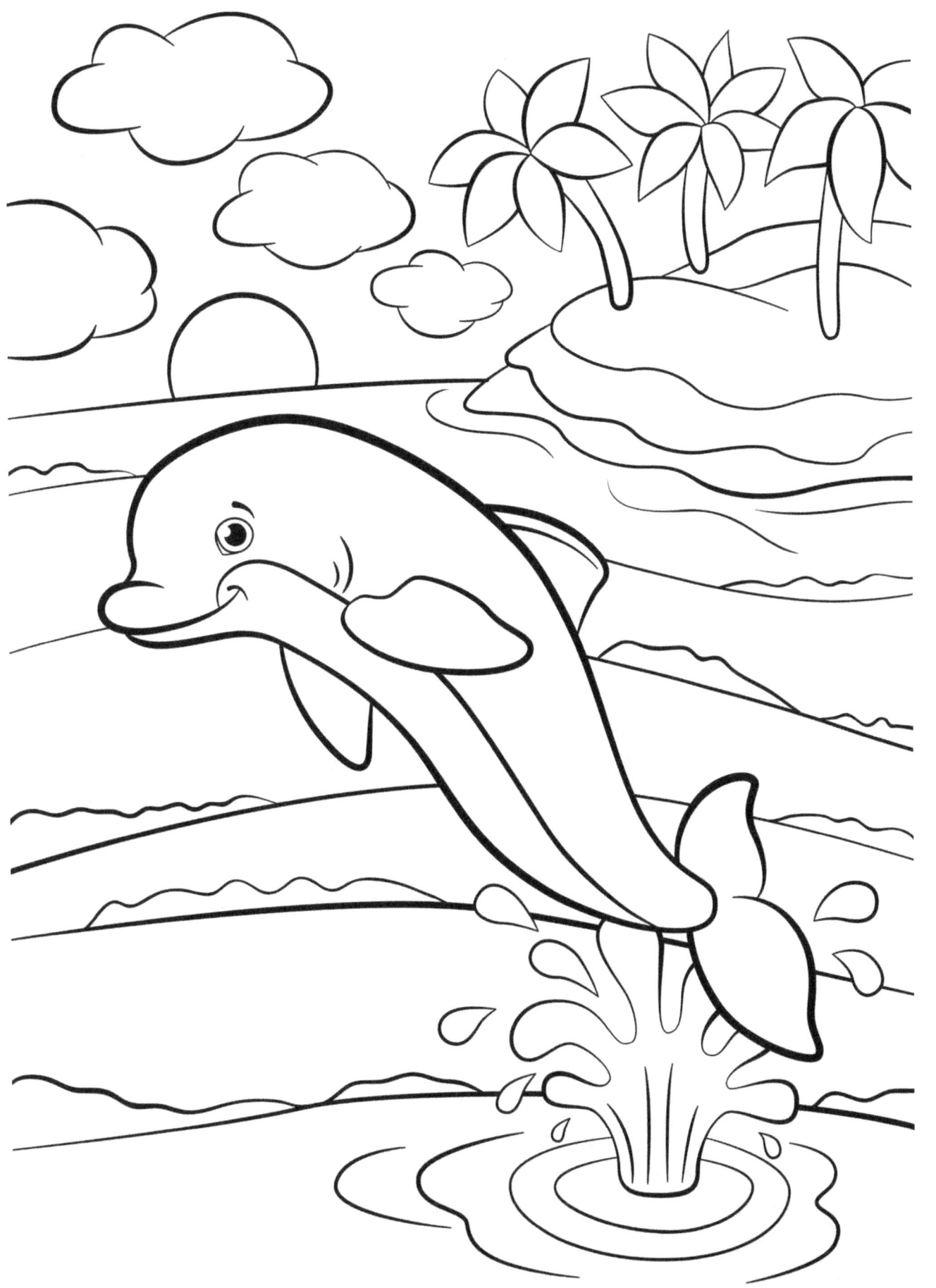

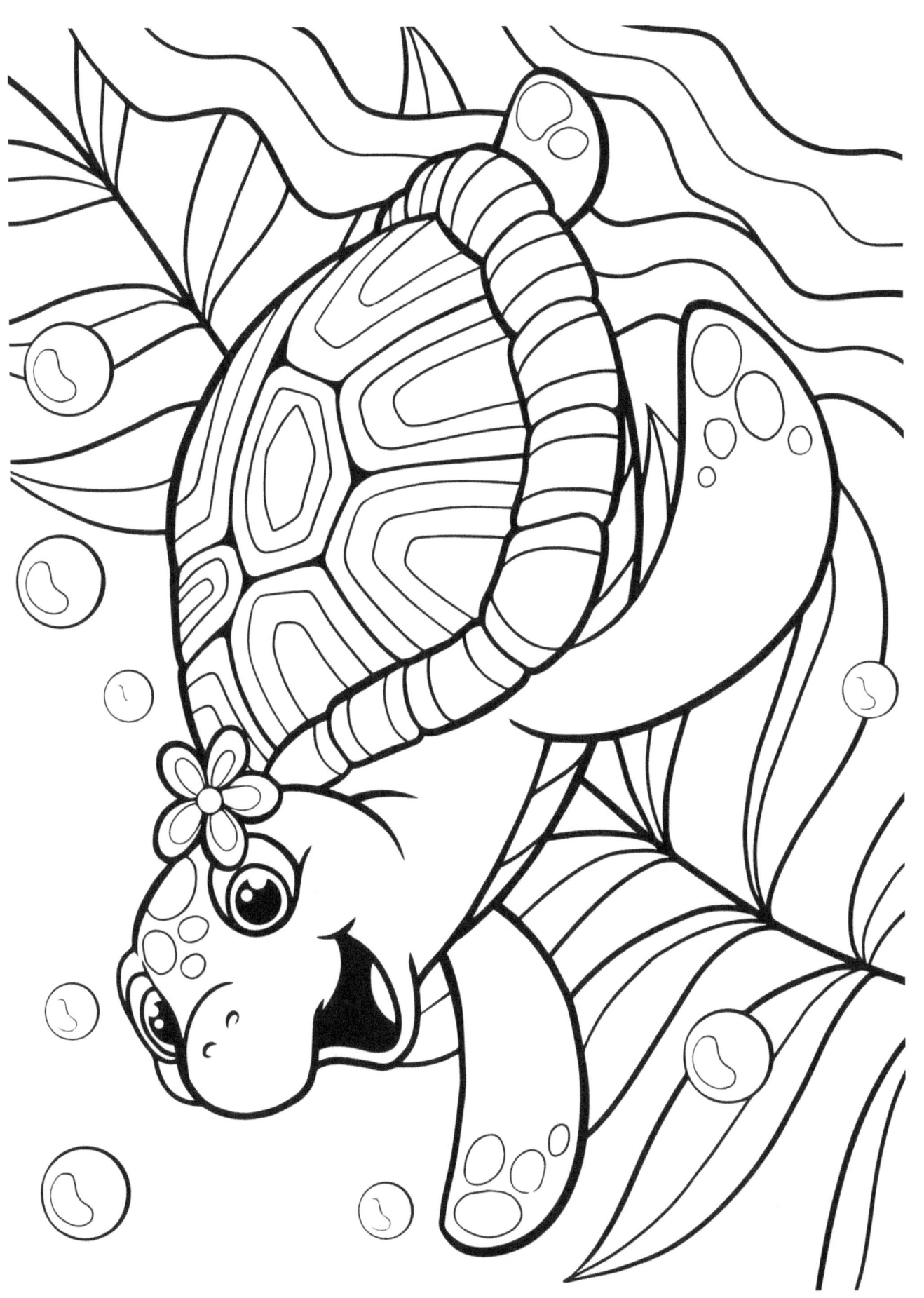

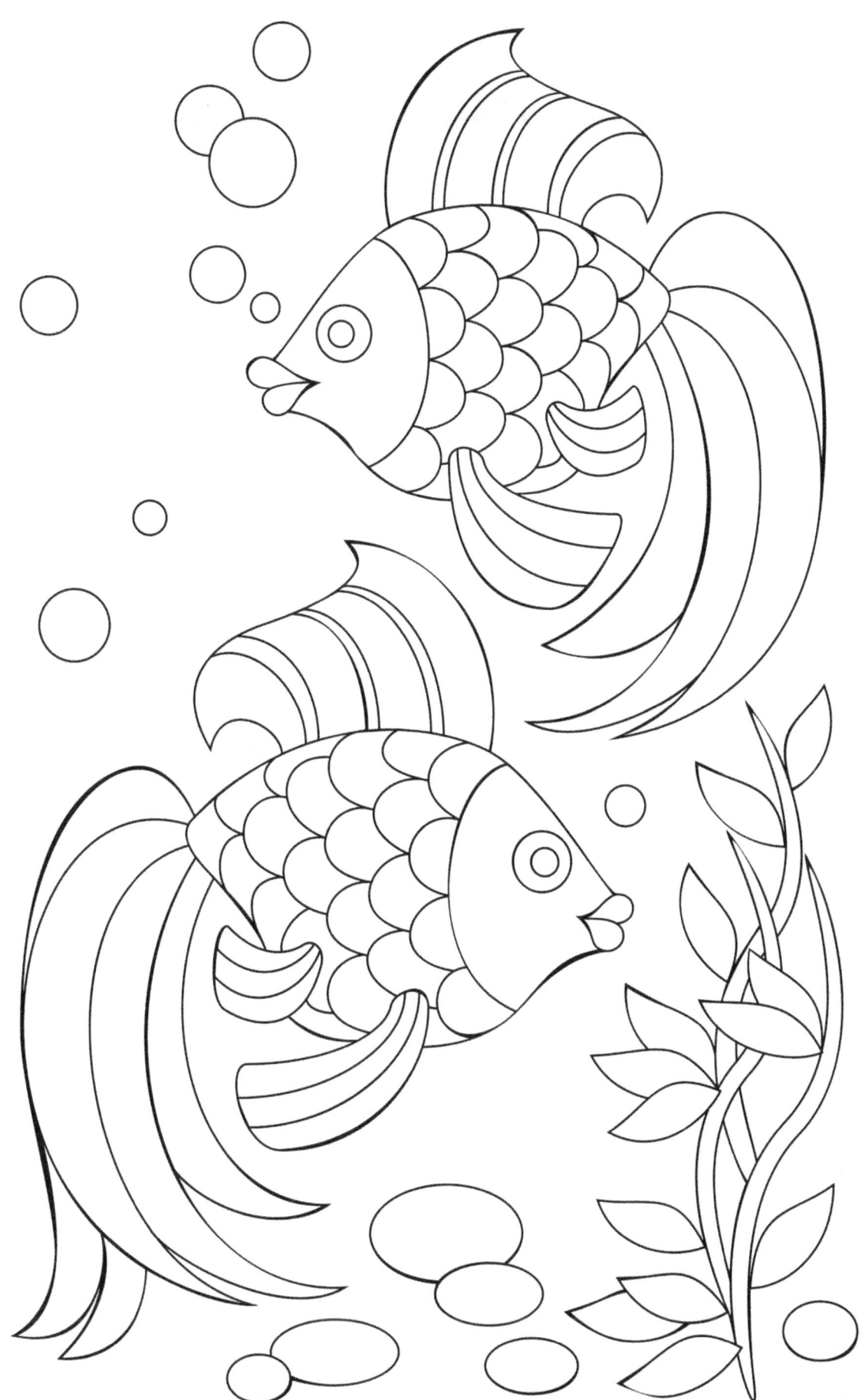

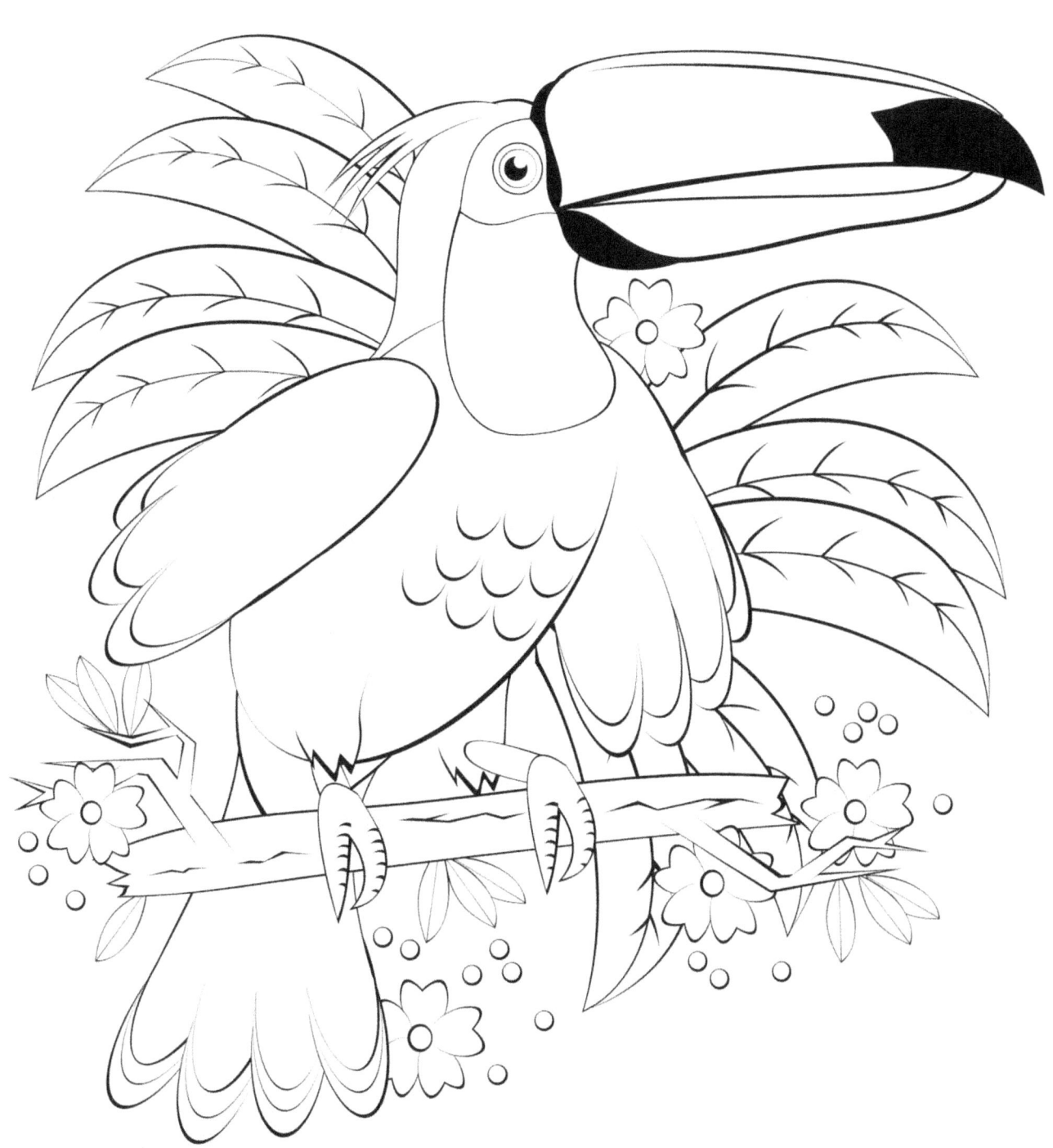

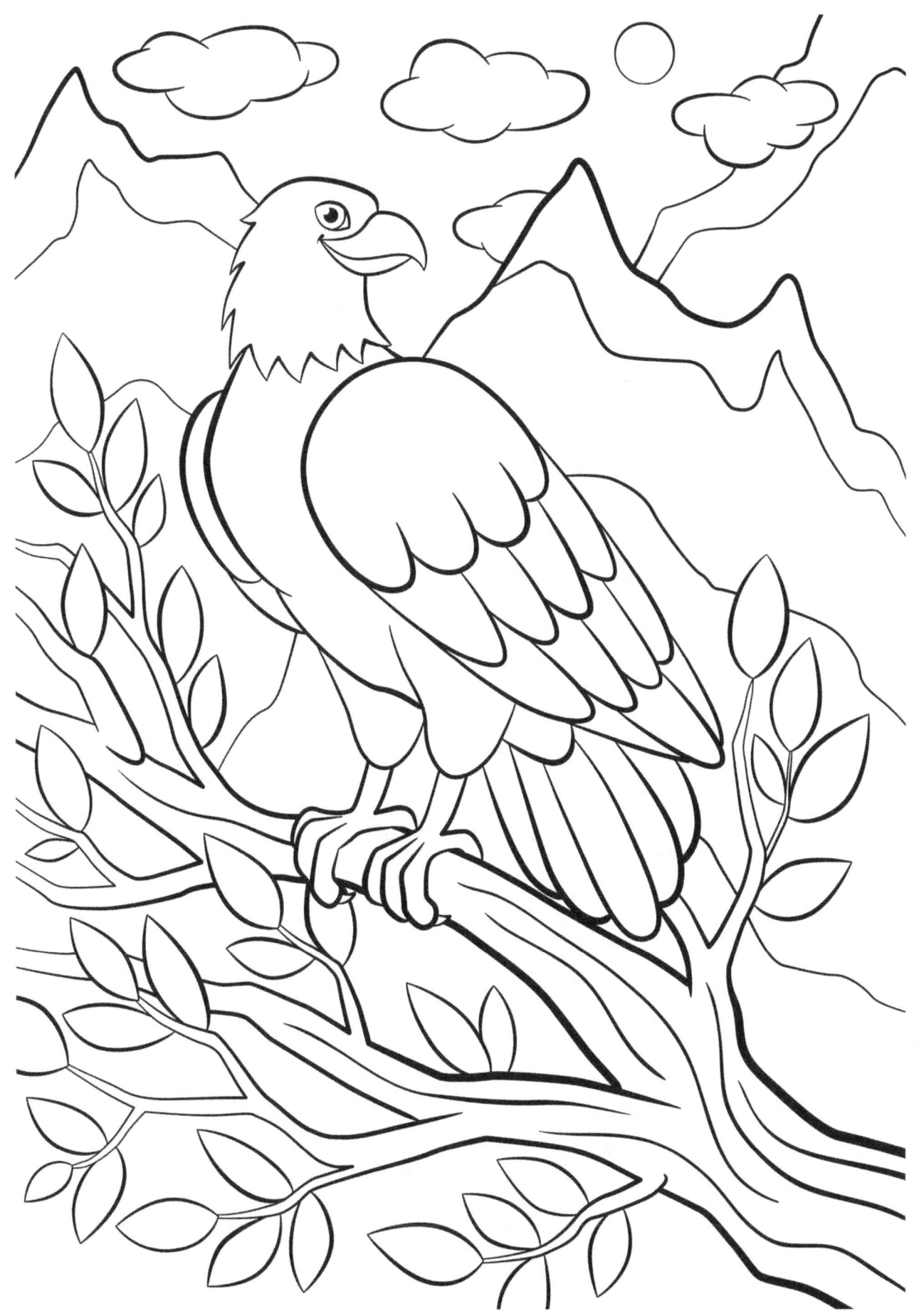

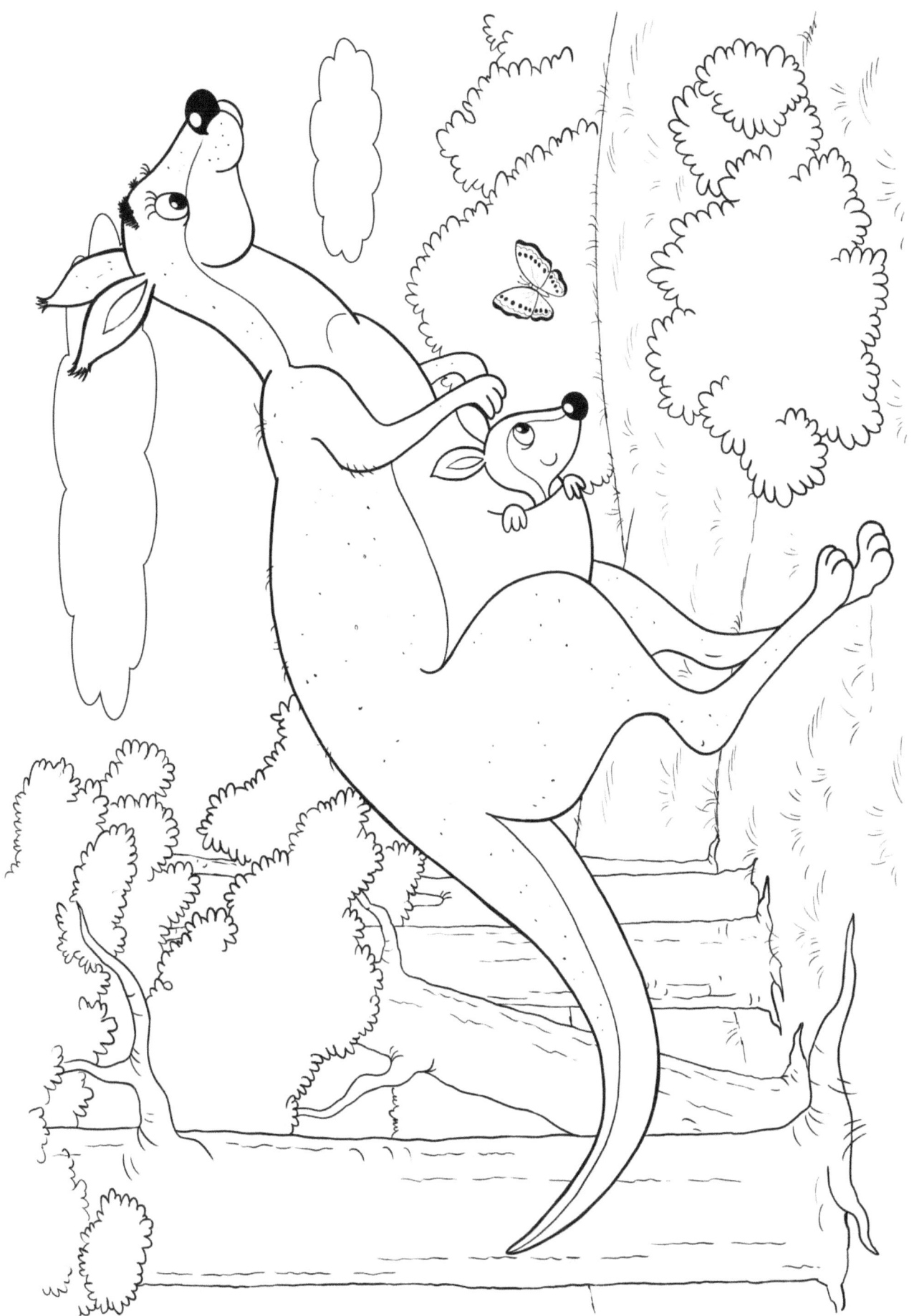

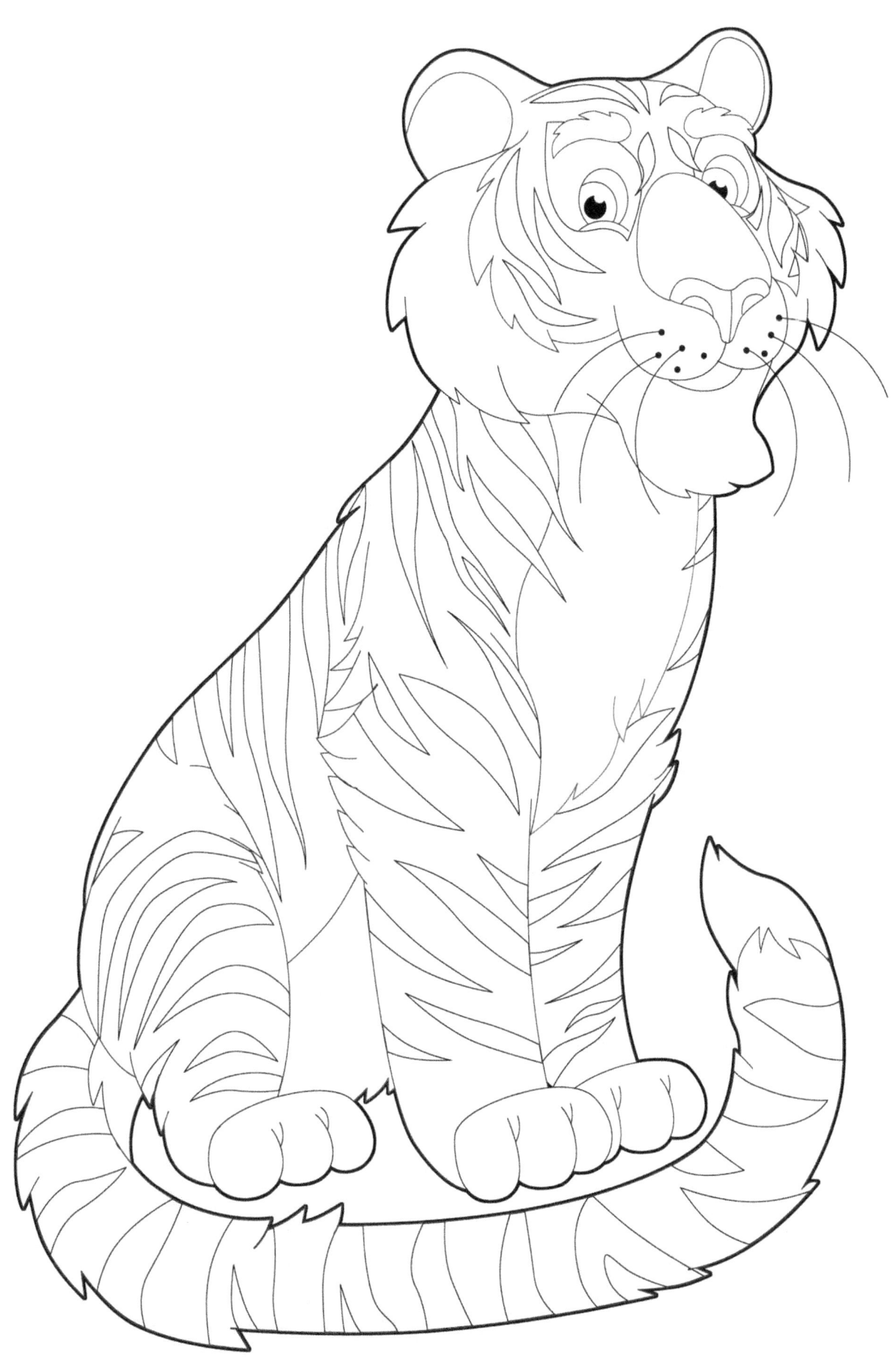

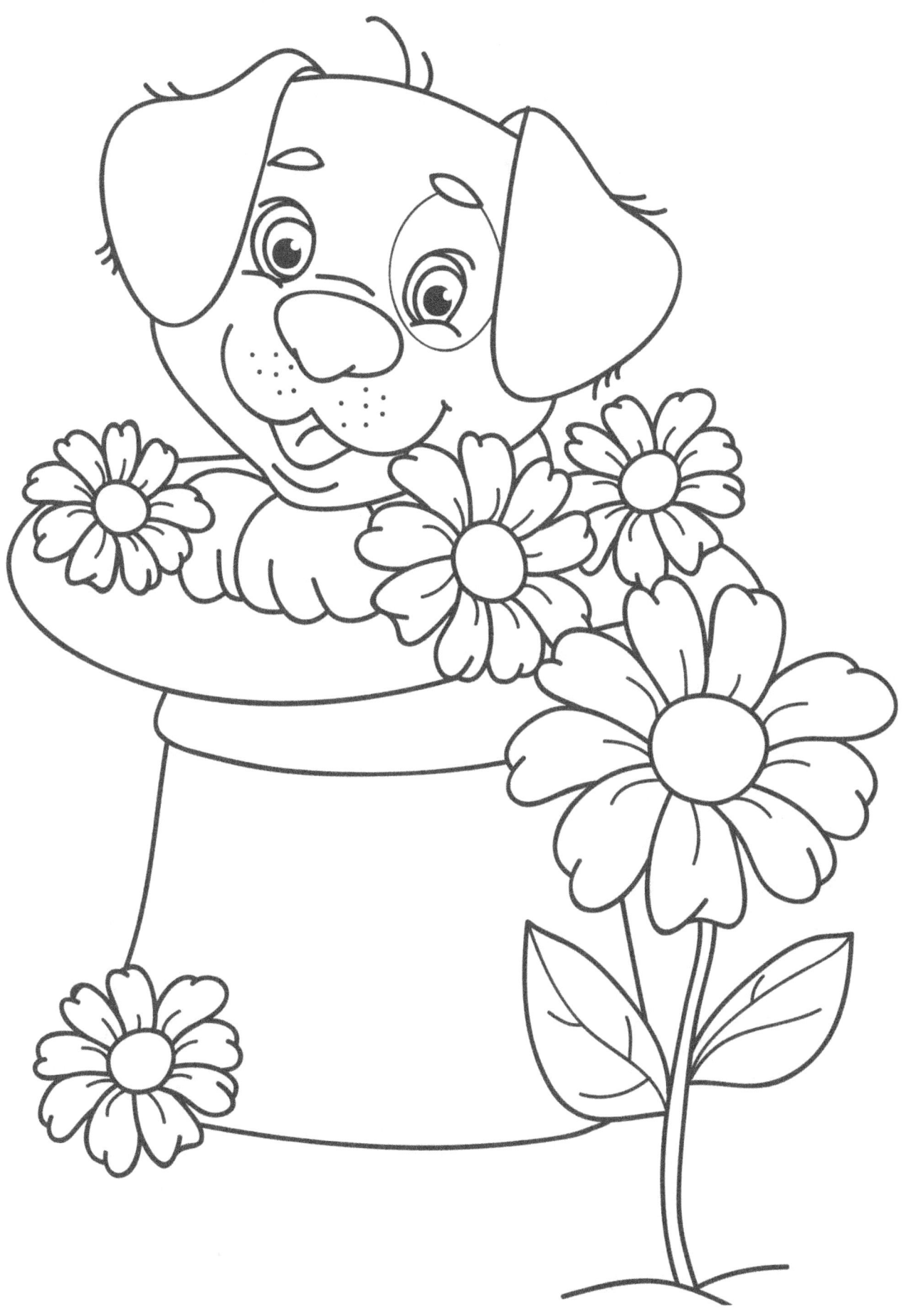

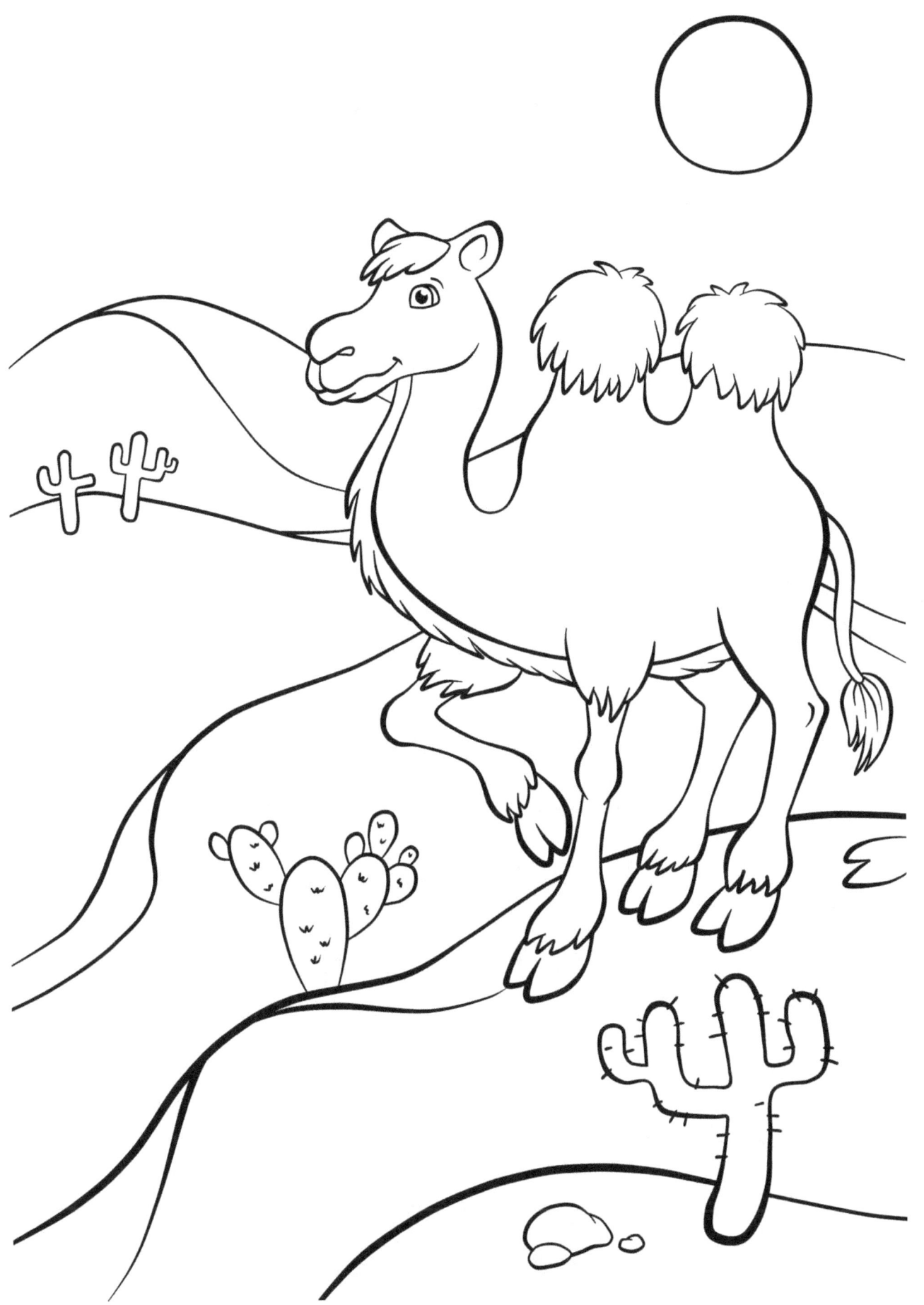

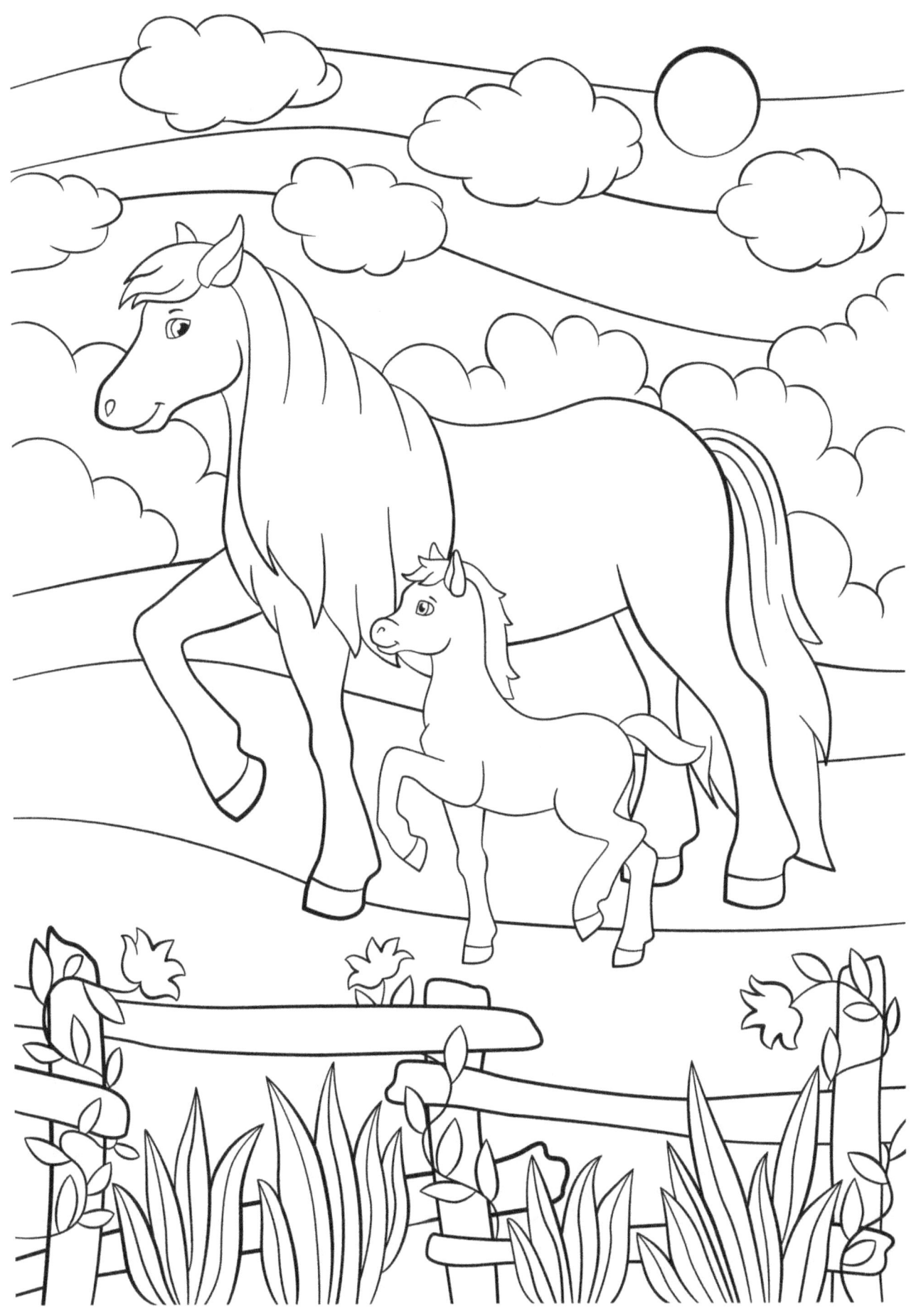

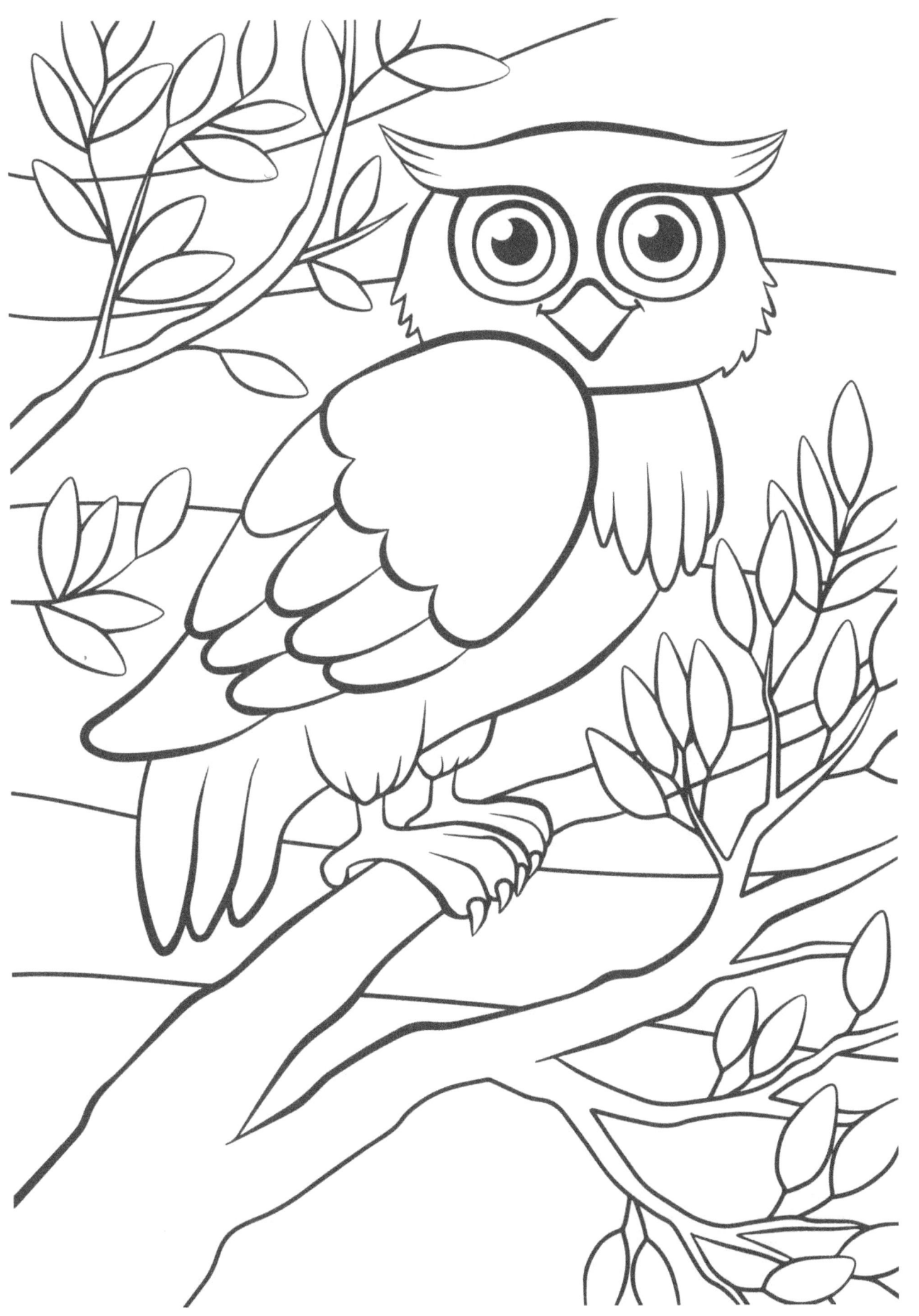

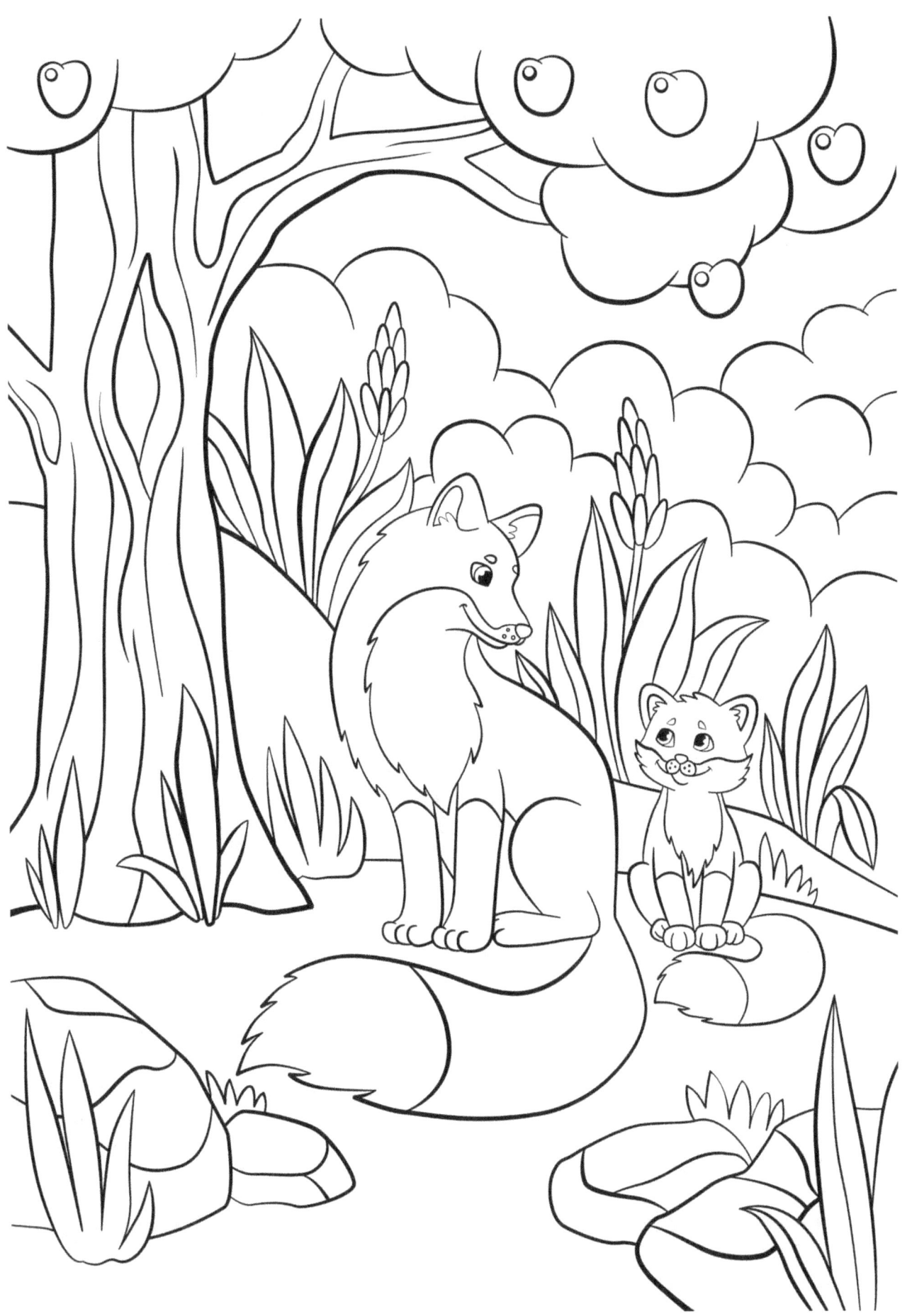

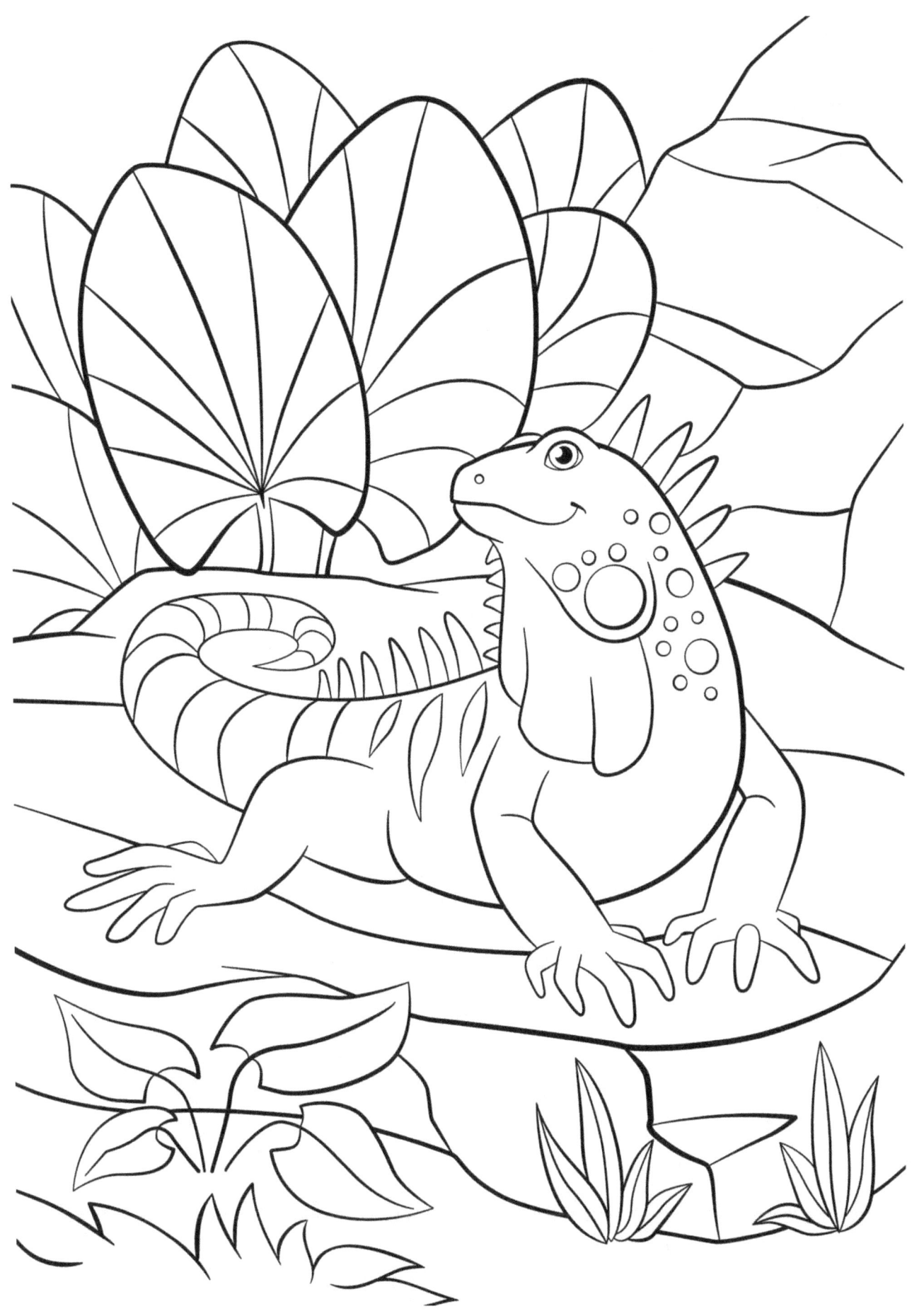

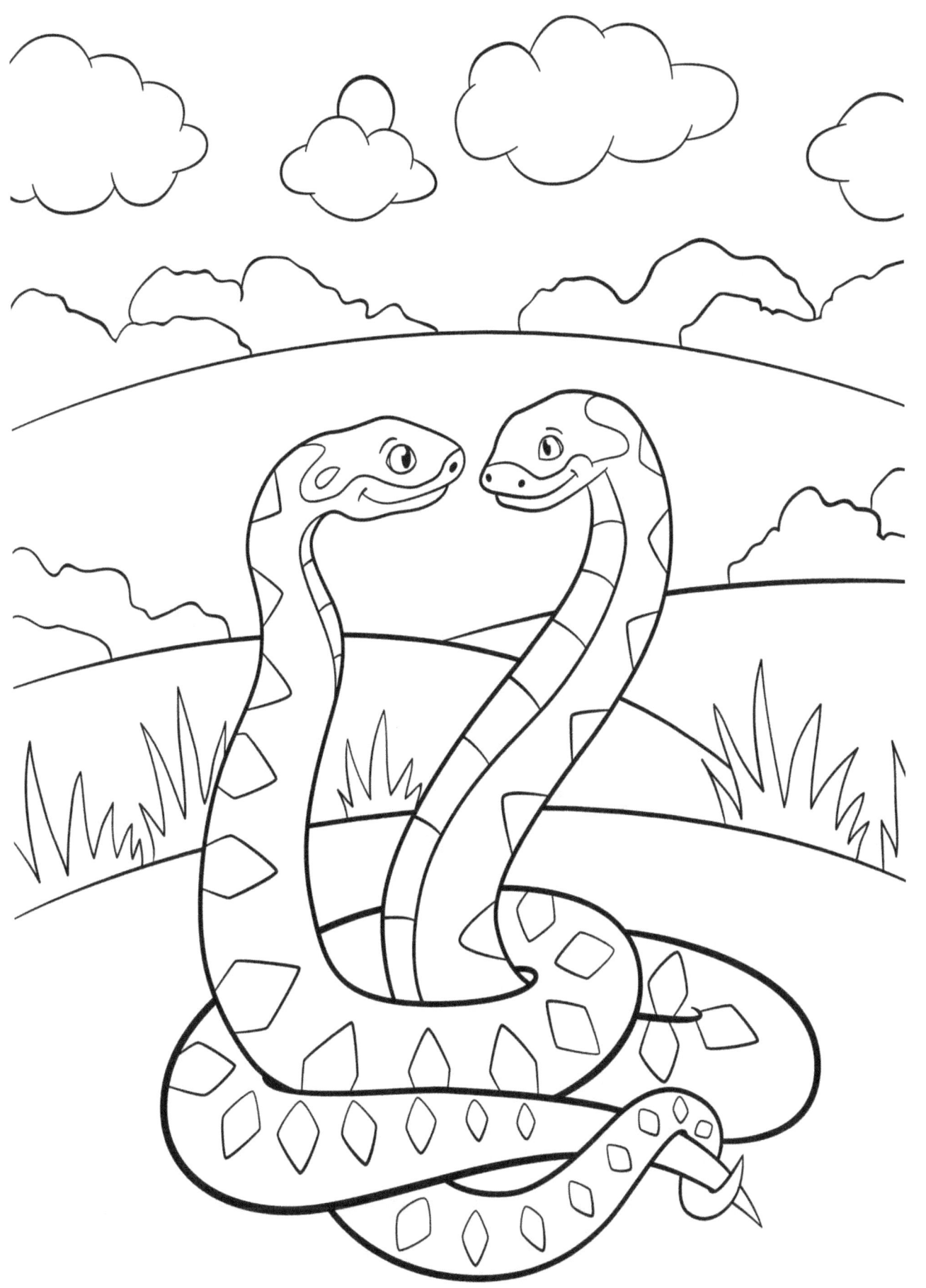

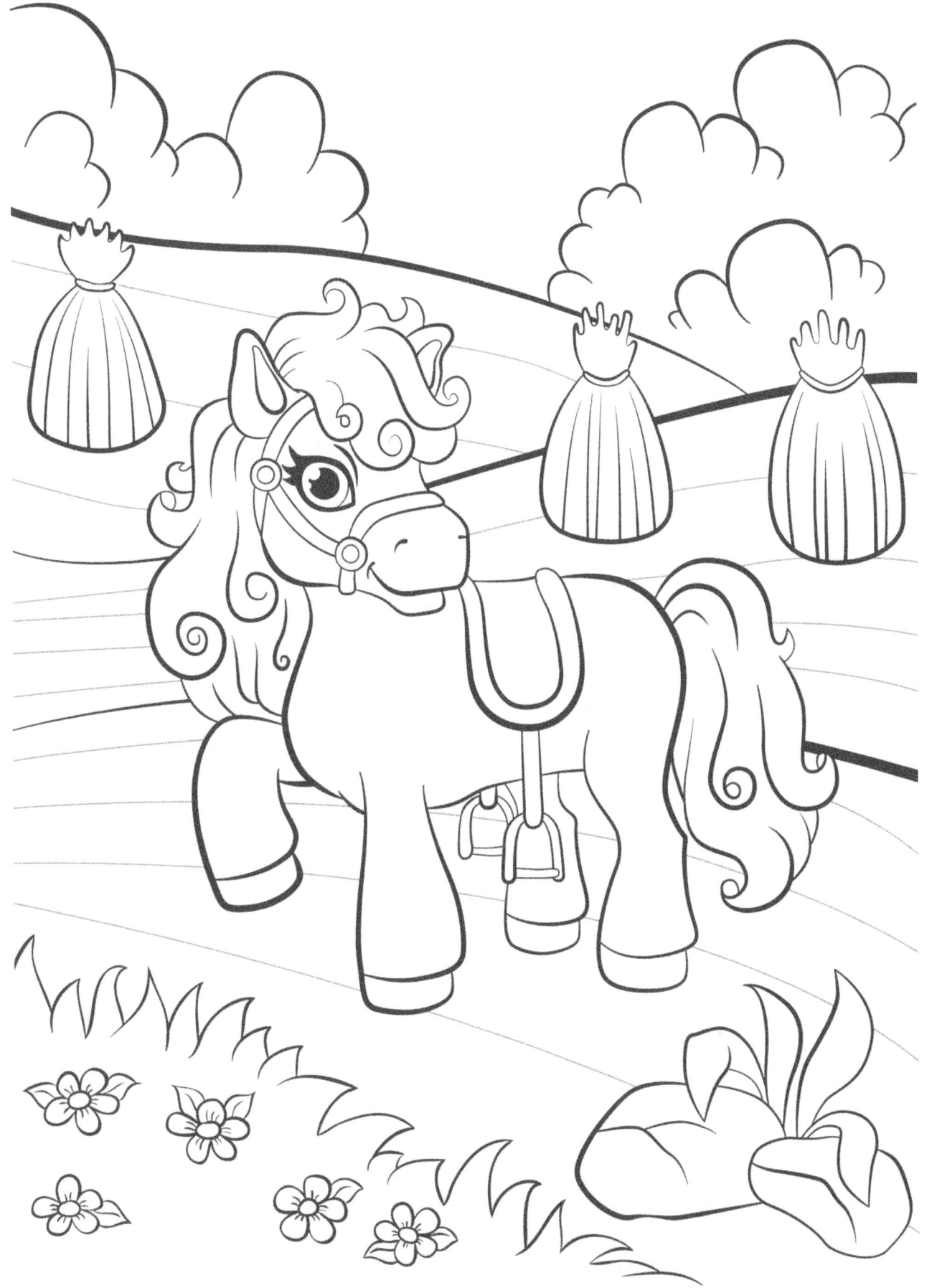

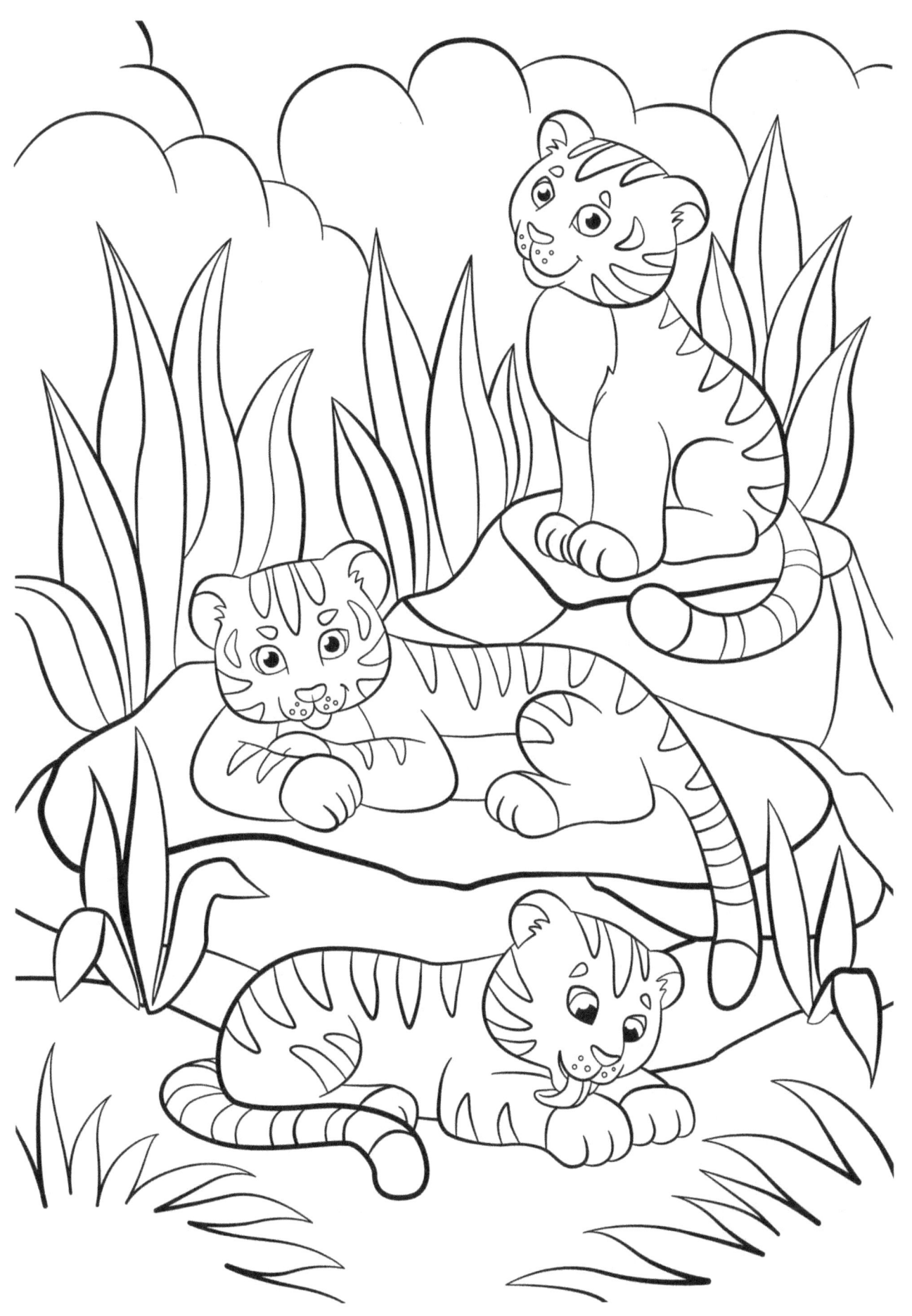

www.ingramcontent.com/pod-product-compliance
Lightning Source LLC
Chambersburg PA
CBHW080528220526
45465CB00006B/2638